才能をひらく

編集工学

世界の見方を変える10の思考法

安藤昭子

Discover

編集的自由の会得のために

松岡正剛

編集工学の相手は広い意味での情報だ。

情報を工学的な組み立てを借りながら編集すること、それが編集工学だ。編集工学は方法なのである。言葉や文字をつかい、楽器や絵の具をつかって何かをあらわし、コンピュータによって問題を解決することが方法の実践であるように、編集によって発想や思索や表現が進捗することを、さまざまなコードやモードをフルにいかして支援する。それが編集工学の役割だ。

生命の出現とともに、情報は編集されてきた。最初に情報を編集したのはRNAやDNAだ。それから動物のコミュニケーションが驚くべき多様性をもち、そこから人間が誕生して、言葉や道具や数字やアイコンをつかって情報編集をしてきた。生命と社会のこれまでの大いなるうねりは、すべて情報編集の歴史だった。しかし、その全貌を明らかにするには、二つの厄介が立ちはだかっていた。

ひとつには、さまざまな情報編集の方法が統合されてこなかった。国語と数学と絵画と陶芸と料理とAIなどが、ばらばらに発達してきたからだ。ぼくは三十年ほど前に、そのばらばらをまたいでそこに共通の鍵と鍵穴がありうることを提示するため、編集工学という方法を用意した。

もうひとつには、こちらのほうがずっと厄介なのだが、「自分」や「私」の体や脳や心がもともと情報編集体であるということが、セカイを情報編集する邪魔をしてきた。そこで「自分」や「私」はどのような対応を準備しておけばいいのかということに、編集工学はとりくまなければならなかったのである。

本書は、この二つの厄介を新たに解きほぐしてくれた。著者の安藤昭子は編集工学研究所を担ってきてくれた優秀な人材の一人で、彼女にあずけておきさえすれば、どんな仕事もどんどん進むという才能の持ち主だ。いろいろな工夫で解きほぐしに挑んだと思う。多くの仕事人の役に立つだろう。

いま、世の中はコロナ禍を被《こうむ》って世界とセカイとが、公人と私人とが、社会と組織と個人と家族とが、新たな分離融合をおこしつつある時期だ。そんなとき、どうするか。自粛ばかりしていては何もおこらない。世界情勢がどのように変じていくにせよ、日本社会がどんなふうに変わっていくにせよ、本書によって「私」の編集的自由を会得していただきたい。編集力とは、変化を待つのではなく、変化をおこしていく才能のことをいう。

はじめに

変化は世の常ですが、2020年に入り、かつて経験したことのないスピードと量であらゆる環境変化が押し寄せています。新型コロナウイルス感染症による世界的なクライシスの中、3年の変化が3ヶ月で、10年の変化が半年で起こる時代に突入しました。感染症だけではありません。気候変動も国際情勢も、未体験ゾーンが常態になっているような昨今です。

身につけてきた方法論や受け入れてきた世界像に、一斉に見直しを迫られている。授業や会議がオンラインでつながることの可能性は、なにも自粛期間中にはじまったものでもないのですが、有無を言わさぬ環境変化の中で、そもそも学校とは何か、会議は誰のためか、オフィスはなにをするところなのか、都市の機能とはいかなるものか、はたと立ち止まって考えざるを得ない課題が山積みになりました。「とっくにすませておくべきだった宿題」が、手つかずのまま机の上に並んでいる夏休み最終日のような状況です。

ここから先、変化はさらにスピードを上げるのでしょうか。それとも本当は、何も変わりはしないのでしょうか。好むと好まざるとにかかわらず、変化はいたるところで啐啄同《そったくどう》時《じ》になっていくように思います。「啐啄同時」とは禅の言葉で、「啐」は鳥の雛が卵を内側からつつくこと、「啄」は親鳥が外側からついばむことを指します。この「啐」と「啄」がぴったりあったときに、殻が破れて雛が生まれる。そこから転じて、本来は悟りや学びの導き方のあるべき姿として用いられる言葉です。

いま外側から殻をつつくのは、子の誕生を願う親鳥とは限らず、無慈悲な外圧かもしれません。それでも、いたるところで殻は破れていくでしょう。恐る恐る顔を出すのは、「見て見ぬ振りをしてきた問題」かもしれませんし、「生まれ出ることを待ち望んでいた可能性」かもしれません。

本書は、誰の中にも潜んでいる「編集力」を目覚めさせ、個人としての、あるいは集団としての才能を惜しみなく解放することを目指すものです。押し寄せる変化を味方につけて、自ら殻を破りにいく。「編集工学」は、そのプロセスのすべてを強力にサポートするものです。

第1章「編集工学とは?」では、「編集工学」のごくごく基本的な考え方を概観しています。「編集」とは何か、なぜ「工学」なのか。そして本書のタイトルでもある「編集工学」と「才能」の関係について解題します。

第2章「世界と自分を結びなおすアプローチ」は、本書の背骨にあたる章です。混沌とした世界を生き抜く上で身につけたい力を10のアプローチで紐解いていきながら、編集工学の基本スタンスとなるものの見方や考え方を提示しています。あたりまえに見えている世界を、まっさらな見方で捉え直してみる。そのための技法や世界観を、情報編集の普遍的なプロセスを追うような構成で組み立てました。随所の「ミニ演習」で少し頭をほぐしながらお付き合いください。

第3章「才能をひらく『編集思考』10のメソッド」は、第2章で獲得したパースペクティブを、いよいよ実践的なメソッドとして動かしてみる章です。「メソッドの紹介」「演習」「演習の解説」「第2章からのヒント」を1セットとして、10のメソッド演習を体験いただけます。習得したメソッドは、どんどん仕事や生活の中に取り入れてみてください。きっと見慣れた日常の景色が変わってくるはずです。

第4章「編集工学研究所の仕事」では、編集工学が実際にどのような価値を提供しうるのか、編集工学研究所の仕事の現場を紹介することを通して、第2章や第3章の実践的な応用事例を示しています。事業やプロジェクトのヒントにしていただける要素もあるでしょう。

最後の第5章「世界はつながっている」は、編集工学の世界観をわたしなりの観点から描き出そうとする試みです。ここまで読み通していただくと、より立体的なイメージを伴って、第2章や第3章の実践知が立ち上がるはずです。

第1章から第5章まで順を追って進んでいきますが、随所に関連する情報への参照ページを返し縫いをするように示しています。編集工学の理解を深めるタテ糸と、観点を広げるヨコ糸を織り合わせ、行きつ戻りつしながら一枚の大きな布が編み上がるようなイメージをもって構成しました。

大切なことは、そこに読み手ひとりひとりに異なったイマジネーションの糸が入るということです。この本自体は、大量印刷されて同じ内容がコピーされますが、本書を介して編まれた布には、どれ一つとして同じ模様はないはずです。その仕上がりを楽しみに、まずは「編集工学とは?」から始めましょう。本書を読み終える頃には、きっと新しい世界が目前に広がっているはずです。

安藤昭子

目次

編集的自由の会得のために　松岡正剛 …… 002
はじめに …… 004

第1章
編集工学とは？
すべては「編集」にはじまる　018 ／ なぜ「編集」を「工学」するのか　021
「才能」は「編集」でひらかれる　024 ／ 世界と自分を柔らかく結びなおす　026

第2章
世界と自分を結びなおすアプローチ
アプローチ01・わけるとわかる、わかるとかわる

「分節化」が仕事を前進させる……030
なぜ部屋が片付かないのか　030　／　句読点ひとつで世界が変わる　032
「分節化」という素晴らしい能力　034

アプローチ02・くらべる、あわせる、ずらす
イノベーションを起動する「関係発見力」……037
組み合わせが価値を生む　037　／　ルルスの結合術と「アルス・コンビナトリア」　039
関係発見の秘訣は、物事を多面的に見ること　041　／　思い切った対角線を引く　046

アプローチ03・乗り換え、持ち替え、着替え
固定観念から脱する「飛び移り」の技法……048
思考の枠組みに自覚的になる　048　／　「スキーマ／フレーム」を操る「お笑い」の編集力　050
情報の「乗り換え・持ち替え・着替え」　053　／　「連想と要約」をかわるがわるにおこす　055

アプローチ04・似たもの探し
柔らかな戦略思考「アナロジカル・シンキング」……059
思考の眠れる獅子、「アナロジー」　059　／　何をもって何とみなすか　062
似てる→借りる→当てはめる　アナロジーの構造　065

戦略思考としてのアナロジカル・シンキング　068
アナロジカル・シンキングには「あなた」が必要　070／眠れる獅子が目を覚ます　074

アプローチ05・「あてずっぽう」のすすめ
ゆきづまりを突破する「アブダクション」……079
ブレイクスルーのための仮説思考「アブダクティブ・アプローチ」　079
第三の推論「アブダクション」の威力　083／「アブダクション」の推論形式　～まず「驚く」べし　089
創造的「あてずっぽう」を飼いならす　092／アブダクションを阻むもの　095

アプローチ06・文脈に導かれる
いい塩梅を捉える「アフォーダンス」……099
「アフォーダンス」という可能性　099／すべては脳のなせる技なのか？　101
ギブソンの「生態心理学」（エコロジカル・サイコロジー）　104
環世界とアフォーダンス　108／編集力のコアエンジン「３Ａ」　115

アプローチ07・原型をたどる
前提ごと問い直す「そもそも思考」……117
「アンラーニング」という難問　117／「空ずる」先の「まなびほぐし」　120
前提を疑うべし。「そもそも」思考の流儀　123

ことの本質を捉える「略図的原型：3type」 127
「アーキタイプ」の逆襲 130 ／ 我々はどこから来たのか 133

アプローチ08・「らしさ」に着目する
見えないものを「価値」に変える……………………137
「～らしい」という価値 137
情報のコード（code）とモード（mode） 139 ／ どうして「らしさ」がわかるのか 140
複雑なものを複雑なままに～「主語」ではなく「述語」で捉える 147
「変わっていくもの」を通して「変わらないもの」を見る 150 ／ 述語の国、日本 152

アプローチ09・伏せて、開ける
創造性を引き出す「余白」のマネジメント……………………156
物に寄せて思いをのべる 156 ／ 「生命らしさ」は想像力の中にある 158
日本流 余白のクリエイティビティ 161 ／ 「心にてふさぐ」編集力のメカニズム 172

アプローチ10・物語を与える
心を動かす「ナラティブ・アプローチ」……………………176
なぜ人は物語を必要とするのか 176 ／ 物語回路（narrative circuit）を自覚する 179
物語の5大要素 182 ／ 世界を魅了する物語の秘密 物語母型「英雄伝説」 184

語り得ないものを扱う装置としての物語 188
新たな物語とともに囚われの世界から脱出する 192

第3章 才能をひらく「編集思考」10のメソッド

メソッド01・思考のクセに気づく アテンションとフィルター……198
演習1▼アテンションとフィルター 好きなもの・いらないもの 200
演習1▼アテンションとフィルター 解説 202
わけるとわかる、わかるとかわる～「分節化」が仕事を前進させる 204

メソッド02・情報の周辺を照らす 連想ネットワーク……206
演習2▼連想ネットワーク お気に入りの連想系 208
演習2▼連想ネットワーク 解説 210
くらべる、あわせる、ずらす～イノベーションを起動する「関係発見力」 212

メソッド03・見方をガラリと変える 情報の「地と図」……214
演習3▼情報の「地と図」 言い換えカタログ 216

演習3▼情報の「地と図」　解説　218
乗り換え、持ち替え、着替え～固定観念から脱する「飛び移り」の技法　220

メソッド04・たとえ話で突破する　アナロジカル・コミュニケーション……222
演習4▼アナロジカル・コミュニケーション　たとえてみたら　224
演習4▼アナロジカル・コミュニケーション　解説　226
似たもの探し～柔らかな戦略思考「アナロジカル・シンキング」　228

メソッド05・新たな切り口で分類する　軸の持ち込み……230
演習5▼新たな軸の持ち込み　分類あそび　232
演習5▼新たな軸の持ち込み　解説　234
「あてずっぽう」のすすめ～ゆきづまりを突破する「アブダクション」　236

メソッド06・組み合わせて意味をつくる三点思考の型……238
演習6▼三点思考の型　3点セットで自己紹介　240
演習6▼三点思考の型　解説　242
文脈に導かれる～いい塩梅を捉える「アフォーダンス」　244

メソッド07・原型から価値を見出す　アーキタイプ連想……246

演習7▼アーキタイプ連想　そもそも思考　248
演習7▼アーキタイプ連想　解説　250
原型をたどる〜前提ごと問い直す「そもそも思考」　252

メソッド08・優れたモデルを借りてくる　見立ての技法……254
演習8▼見立ての技法　見立てると見えてくる　256
演習8▼見立ての技法　解説　258
「らしさ」に着目する〜見えないものを「価値」に変える　260

メソッド09・好奇心を触発する　開け伏せ具合……262
演習9▼開け伏せ具合　「探究型読書」の入り口にチャレンジ　264
演習9▼開け伏せ具合　解説　266
伏せて、開ける〜創造性を引き出す「余白」のマネジメント　268

メソッド10・物語の型を使う　ヒーローズ・ジャーニー……270
演習10▼ヒーローズ・ジャーニー　自分の「英雄伝説」を描く　272
演習10▼ヒーローズ・ジャーニー　解説　274
物語を与える〜心を動かす「ナラティブ・アプローチ」　276

第4章

編集工学研究所の仕事

編集工学研究所の仕事　280

事例01・本来から将来を描く「ルーツ・エディティング」プロジェクト……283

「らしさ」をたどり「ありたい未来」を描く「ルーツ・エディティング（roots editing）」　283

事例：「リクルートのユニークネス」プロジェクト　284

ルーツ・エディティングの手法とプロセス　286　／　リクルートの五観　290

事例02・書籍を通じて科学の魅力を届ける「科学道100冊」事業……292

理化学研究所×編集工学研究所のコラボレーション「科学道100冊」　292

未来を担う青少年のための「科学道100冊」シリーズ　294

プロジェクトの舞台裏：理研の100年と科学者の探究思考プロセス　296

文化資産としての書籍をもっと動かしたい　300

事例03・編集術を学ぶネットの学校「イシス編集学校」……302

2000年に誕生した「編集稽古」のオンライン・コミュニティ　302

なぜみんな「編集稽古」に夢中になるのか？　304

相互編集状態を生み出す、お題・回答・指南のラリー　305
「教室」という生命場を動かす「師範代」　307　／　イシス編集学校の「守破離」　310

第5章　世界はつながっている

編集の冒険へ～世界をどう見るか　316
ジオラマとピッチング・マシーン　320　／　この複雑にして難解な世界　324
Process & Reality ～ 有機体の哲学　328　／　オブジェのチャチャチャ　332
オブジェクト指向×花鳥風月の科学　338
「モノたちの宇宙」とホワイトヘッドの目覚め　341　／　想像力がつなぐ世界　346

あとがき　……………………………　350

第1章

編集工学とは?

すべては「編集」にはじまる

「編集」という言葉から、何を思い浮かべるでしょうか？　雑誌・書籍の編集や映像の編集のような、何かしらのメディア情報を取り扱う職業的な技能をイメージされるかもしれません。

ここでは、「編集」という言葉をうんと広い意味で捉えます。

そもそもわたしたちは、ありとあらゆる「情報」に囲まれて生活しています。起きた時の体の感じ、外の天気、でかけるまでの持ち時間、テレビから流れるニュース、朝食のメニュー、クローゼットの服と今日のコーディネート、いずれも「情報」であり、そういった雑多な情報をのべつ幕なしに「編集」しながら生きています。

ここで言う「編集」とは、こうした「情報」に関わるあらゆる営みのことを指すものです。

認知も表現も理解もコミュニケーションも、「編集」なしには成立しません。起きて活動している以上、編集していない時間はないし、眠っている間ですら脳は編集を休まない。

意識するしないにかかわらず、わたしたち人間は「編集」という営みによって命を前に進めているのです。

「わたし」という生命体自体もまた、いまこの瞬間も無数の活動によって編集されています。遺伝子や細胞や臓器や脳内物質にいたるまで、さまざまな「情報」の連携によって、「わたし」という生命が維持されている。

さらに言えば、人間だけが「編集」しているわけでもありません。犬もバッタも海も山も、学校や会社や都市や社会も、複雑に絡み合った情報がなんらかの形で編集されて、その姿を表していると見ることができます。人間の技能である以前に、「編集」という営みはこの世界を構成する欠くことのできない要素なのです。


では「情報」はどこから来て、「編集」はいつから始まったのでしょうか。はるか昔、人間も生物も存在するもっと前に、情報は生命と共に生まれ、その「生命という様式」を前に進めるために「編集」という営みが始まりました。

原始の地球に飛来した何らかの情報コードが、生命のメタプログラムとなって、それを守るための生体膜をつくり、自らの内側と外側を分け、個体としての生命活動を始めます。

その営みの中での情報のプログラムとそれを扱う編集の仕組みの違いが、生物の種を多様につくり出し、それぞれを進化させてきました。

単細胞生物が多細胞生物へと進化を遂げたのも、人類が二足歩行を始めたのも、火を発見し衣食住を整えていったことも、すべてに情報の「編集」が関与しています。

このようにして、人類は、生物は、地球や宇宙は、編集の連続によって運ばれてきたと言えるのです。


ことほどさように、「編集」とは実に奥が深く懐が深い。どこまでいっても、その全容はなかなか捉えられません。

本書で考える「編集力」は、明日の仕事や暮らしに役立つ技能、という範囲にとどまるものではありません。

この世界のいたるところにある編集の営みを思い、新たなものの見方やそこにある方法を発見していくことを通して、ひとりひとりの中に思い思いに引き出されていくまだ見ぬ潜在力こそが、本書で取り扱いたい編集力です。


こうした「編集」の仕組みを明らかにして、人々と社会の力として応用していこうとする方法論の体系が「編集工学」です。

なぜ「編集」を「工学」するのか

「編集工学」は、いまから30年ほど前に松岡正剛によって創始されました。

70年代にオブジェマガジン「遊」を創刊し、先鋭的な編集技法と縦横無尽な知の往来で、多くの知識人やクリエイターに影響を与えてきた松岡正剛は、あるプロジェクトを契機として、その超領域的な思索と研究を統合する情報文化技術としての「編集工学」を構想します。

そのプロジェクトとは、電電公社が民営化しＮＴＴが誕生したことに伴う記念事業の一環で「〝情報〟と呼ばれるもの一切の歴史を編集する」というものでした。その成果は『情報の歴史』という一冊の書籍にまとまりますが、象形文字から人工知能にいたるまでの２０００年間の「情報」の諸相を、膨大な暦象データの布置と分類と見出しによって表現した、前代未聞のクロニクル・ブックとなりました。

こうした活動の中で、松岡正剛は「知識工学」でも「情報工学」でもなく「編集工学」という新たな方法知の領域を構想し、１９８７年、「編集工学研究所」が創設されました。

「編集工学」は、生命のふるまいから人類の歴史まで、人間の認知から表現まで、哲学からシステム工学まで、文化から宇宙論まで、何もかもを「編集」という共通の方法論でつなぐ柔軟な器となっていきます。そこには、さまざまなジャンルの人々や知見や可能性が出入りし、多くのプロジェクトが立ち上がっていきました。その活動や思想や文化が、現在の編集工学研究所へと続いています。

なぜ「編集」と「工学」があわさる必要があったのか？　編集工学の「工学（エンジニアリング）」を、松岡は「相互作用する複雑さを相手にしていくこと」だと言います。この「複雑なものを複雑なままに扱う技術」として、編集工学もまた時代の流れとともに進化をしてきました。

構想から30年、複雑さが自明のこととなった現代社会において、改めて編集工学の可能性に注目が寄せられています。

いまわたしたちを取り囲む大量の情報は、さまざまなテクノロジーの進歩によって、何重にもかつ自動的に編集された状態にあります。Ｇｏｏｇｌｅのアルゴリズム、パーソナライズされたニュースメディアの記事、ＳＮＳの小窓越しに流れ込んでくる世相、そうした情報がほぼ空気のようにわたしたちの認知を包んでいます。

人間の外側で情報を扱う「工学」的な力が指数関数的な速さで進歩を遂げていく中で、わたしたちの内側にある「編集」の力は手つかずのままにある。容赦なく流れ込む情報に対して、人間の内面があまりに無防備に放っておかれているとも言えます。

情報リテラシーや情報倫理教育といった課題対応型の手当だけではもはや追いつかないような、根本的な認知の危機にさらされているとも言えるかもしれません。

生命活動のＯＳ（オペレーションシステム）とも言える広義の「編集力」を、「方法」として工学的に読み解くことで、人間が携えるべき基本的な能力の仕組みを明らかにし、改めて装填し直していく。「編集」を「工学」することによって、あるいは「工学」を「編集」することをもってして、相互作用する複雑な世界の中で、人間に本来備わる力が生き生きと立ち上がっていくことを、「編集工学」は目指しています。

そして、この「人間に本来備わる力」というのは、その現れ方がひとそれぞれに違うはずです。おそらくこれを、「才能」というのだと思います。

「才能」は「編集」でひらかれる

才能の「才」は、古くは「ざえ」とも読み、石や木などの素材に備わる資質のことを言いました。それを引き出すはたらきが「能」です。

「才」は素材の側にあり、「能」は職人の腕にある。才能とは、引き出す側と引き出される側の相互作用の中にあらわれてくるものであるようです。

中世に書かれた日本最古の造園書とされる『作庭記』には、「その石の乞にしたがひてたつるなり」とあります。「石が置いてほしいと言っているところに石を置きなさい」という指南です。

石の声を聞きとり、それを姿としてあらわすことが、職人の技能とされていました。

また漢字の起源を扱う『字通』（白川静 平凡社 1996年）によれば、「才」は神聖な場所であることを示す標木を意味する文字だそうです。そこから、存在の最も根源的なものを指す言葉として用いられるようになりました。「天地人三才」といえば「宇宙に存在する万物の総称」であり「宇宙の根源的働き」のことを言います。

あとからつくるものではなく、そこにすでに潜在している先天的で根源的なものが「才」と呼ばれていました。

石や木がそうであるように、誰の中にも、その人にしかない神聖なる「才」が潜んでいるはずです。その自分だけの「才」を引き出すのは、他でもない自分の「能」です。内側にある「才」をいかに引き出せるか。自分個人だけでなく、他者の「才」やチームの「才」、場の「才」ということもあるでしょう。

素材の内側と外側を自由に行き来する「能」としての、しなやかな編集力が必要です。

そして大切なことは、才能は自分の内面だけで完結するものではなく、環境との相互作用の中で引き出されていくものだということです。

石が庭のいい場所に置かれるように、木が職人によって最適な向きを知らされるように、自らの技能によって次々と引き出され、まわりに触発されながら新たな可能性として開かれていくものでしょう。

自分の内側に眠る「才」の声を聞き取り、編集力という「能」をもって表にあらわす。

そこに関与するさまざまな方法をエンジニアリングしたものが、「編集工学」であるとも言えます。

世界と自分を柔らかく結びなおす

ただ、わたしたちの想像力や感受性は、あまりに多くの「それらしい情報」で埋められていて、「そういうもの」だと思われる観念に固められてしまっています。

自分の奥に眠る「才」に触れるには、それを取り囲む幾重もの固定観念の層をほぐしていく必要があります。

まずは、世界と自分のあいだにある関係を柔らかく結びなおすようなつもりで、これまでとはちょっと違うものの見方をしてみましょう。

普通に生活していれば考えることもないような、自分の内側にうごめく編集の営みに意識を向けてみることで、世界の見え方が変わっていきます。そうして改めて「わたし」という情報素材を捉え直してみるところから、「編集工学」に分け入っていきたいと思います。

見慣れた光景から一歩外に出て、ちょっとした冒険にでかけるような気持ちで、この先に広がる「編集」の世界を楽しんでください。

第2章

世界と自分を結びなおすアプローチ

アプローチ
01

わけるとわかる、わかるとかわる

「分節化」が仕事を前進させる

なぜ部屋が片付かないのか

散らかった部屋を片付けたいとします。ゴミ袋を用意して、洋服はクローゼットにしまって、マグカップはキッチンに、不要な郵便物は捨てて、本は本棚にもどす。すっかり片付くまでにはうんざりするほどの工程がありますが、うんざりする状況であればあるほど、すべてに先立ってやるべきことがあります。「どこから手を付けるかを決める」ことです。

その見通しなり踏ん切りなりがついてやっと、実際に手を動かしたり、置き場所のルールを決めたりといった片付け作業が始まるわけです。この「どこから手を付けるかを決める」という最初の決断をしない以上、いつまでたっても部屋は片付かない。「片付けなくっちゃ」というドヨンとした気持ちを抱えたまま、また次の週末をむかえるわけです。

何かを前にして「なんとなく手が付かない」というのはよくあることです。たいていの場合は、その状況なり事態なり仕事なりに対して、最初の介入ができていない、つまり「編集」を起動する楔《くさび》を打ち込めていない状態です。のっぺらぼうの情報に楔を打ち込みさえすれば、次は情報のかたまり具合が見えてくる。楔を打ったところからどれくらいのサイズの情報を取り出すのか。そこまで見えて初めて、物事は動いていきます。

「GTD（Getting Things Done）」というタスク管理の手法を提唱したデビッド・アレン（1945-）は、ちゃっちゃと仕事を片付ける上での鍵を握るプロセスとして、「タスクの細分化」を強調しました。仕事を具体的な作業イメージができるまで小さなサイズに切り出すということです。「金曜日までに提案書をつくる」ではなく、「提案書の構成メモを書き出す」「クライアントの与件をA4一枚にまとめる」といった具合に、手が動くその単位にまでタスクを小さく分けていくのです。

どうにも手が付かない仕事や、なんとなくやっかいな状況や、目前に立ちはだかる壁に出くわしたら、まず「分けて」みること。「分ける」ことさえできれば、次に何をすべきかは自ずと「分かる」。それが分かりさえすれば、目の前の景色が変わり、解釈も気分も変わっていきます。「わけるとわかる、わかるとかわる」のです。

一見途方もないような状況に見えることも、最初の楔さえ打ち込めれば、そこから情報の編集は立ち上がります。部屋の片付けやタスク管理に限らずとも、「情報」というものは何であれ、「分けられる」ことを待っています。この最初の一歩を、松岡正剛は「ややこしい〝情報の海〟に句読点を打ってみること。」と言いました（松岡正剛『知の編集工学』朝日文庫 2001年）。

句読点ひとつで世界が変わる

「句読点」は、そこに意味の「分節」をつくっていきます。そうして「区切る」ことで、わたしたちは情報を取り扱いやすくしているし、どこで「区切る」かで新しい意味が立ち上がることも知っています。

ミニ演習01

▼次の文字列は、何通りの読み方があるでしょうか？
「ねえちゃんとしてちょうだい」

「ねえ、ちゃんとしてちょうだい」と叱られているのかもしれないし、「ねえちゃんと、してちょうだい」と誘われているのかも。「ねえちゃんとして、ちょうだい」という姉の主張もありうる。

どこに句読点を打つかで、一文の意味が変わります。情報には常に取り出されうる意味が潜在していて、「分節化（アーティキュレーション）」することを通してしかるべき意味が表面に出てくるのです。「分節が文脈をつくる」と言ってもいいし、「文脈によって分節化される」とも言えます。

そもそも生物というものは「分節化」によって生命を運んでいるものです。ひとつの細胞が「分裂」することで命が始まり、内臓が機能別に「分かれ」、「関節」が生じることで体ができていきます。

人間は、手に五本の指と関節を持ったことで、道具を扱えるようになり、脳を発達させました。「分節化」は、生命の進化のプロセスにおいても重要な役割を担っています。「部屋を片付けられるようになる」という自己の進化と、五億年の生物の進化は、どこかこうして重なっているのです。

「分節化」という素晴らしい能力

この「分節化」という能力によって、どれだけ人間の可能性が開かれているかということは、機械に当てはめて考えてみるとよくわかります。「分ける」ことひとつをとっても、機械にとっては途方もない難問なのです。

たとえば、お手伝いロボットに「ケーキを食べさせて」とお願いしたとします。ロボットに「ケーキはお皿に乗っているもの」という知識や経験の土台がないと、お皿ごと、ともすればテーブルごと、口につっこまれることになる。

今しようとしている事柄に「関係のあることだけを選び出す」、つまりは適切に「分ける」ことそのものが、機械にとっては相当に難しいのです。言葉や概念の定義のみならず、それがどのような意味のフレームを持っていて、どういった関係性の中に置かれているかということを一度に処理できなければ、ケーキとお皿を分けて考えることはできません。いわゆる「フレーム問題」や「シンボル・グラウンディング問題」と呼ばれるもので、人工知能の難問とされています。

人間はこの「分ける」能力を起点にしながら、周囲を絶え間なく流れる大量の情報をいい塩梅に編集して秩序を保ってきました。こうしてわたしたちは、分節化した情報をある程度のかたまりにして理解しています。心理学者のジョージ・ミラー（1920-2012）は、それを「チャンク」と名付けました。ある認知の「まとまり」のことを言います。

語学学習で単語ではなく、必要最小限の単語のかたまりで覚えることを「チャンクで覚える」などと言いますが、あの「意味のまとまり」のことです。たとえば電話番号は3〜4桁で区切るし、住所なら丁目や番地や号といった情報クラスターを持っています。

このチャンクを自在に区切り直すことが、編集力を発動していく最初の一歩になります。上述の「タスクの細分化」は、仕事におけるチャンクを自分の手元で自在に編集する、ということなのです。

見渡してみれば、世の中はすでに誰かが区切った跡の組み合わせでつくられています。

会社の部署、商品の分類ラベル、国語・算数・理科・社会といった科目、バラエティやニュースといったジャンル。そこに違う見方を持ち込むことで、新たな区切りや意味のまとまりが生まれていきます。

わけるとわかる編集力は、与えられた世界を取り扱うためだけのものではありません。新しい世界を目前に立ち上げる生成の道具でもあるのです。まずは、分節化する自由はいつでも自分の側にあるということを思い出すことから、編集の冒険を始めましょう。

アプローチ
02

くらべる、あわせる、ずらす

イノベーションを起動する「関係発見力」

組み合わせが価値を生む

情報を新しい観点で分節化していくと、情報と情報のあいだに自ずと新しい関係性が見えてきます。冒頭の部屋の片付けにしても、いるもの・いらないものを分けながらどんどん片付け作業を進めていく中で、「よく使う」や「保存版」といった新しいタグやラベルをつけたくなったりします。

物事のあいだに潜在する関係を見つけ、組み合わせをつくることによって、新しい意味や価値を生み出していく。この関係の発見を意図的に起こしていく営みが「編集」であり、それを遂行する力が「編集力」です。「編集力とは関係発見力である」と言ってもいいでしょう。

世の中で「イノベーション」と呼ばれるものは、「新しい組み合わせによってありそうでなかったものを出現させる」ことに成功したものです。イノベーションというと「技術革新」をイメージすることが多いかもしれませんが、本来はもっと広い意味を含んでいます。イノベーションの父と言われるヨーゼフ・シュンペーター（1883-1950）は、「新結合（new combination）」という言葉でイノベーションを説明しました。従来にはないまったく新しい組み合わせによって市場を発展させていくイノベーションには、五つのタイプがあるといいます。

① 新しい生産物の創出（プロダクト・イノベーション）
② 新しい生産方法の導入（プロセス・イノベーション）
③ 新しい市場の開拓（マーケット・イノベーション）
④ 新しい資源の獲得（サプライチェーン・イノベーション）
⑤ 新しい組織の実現（組織のイノベーション）

ヨーゼフ・シェンペーター『経済発展の理論』1912年

いずれも既存の要素の新しい組み合わせ（新結合）によって、「創造的破壊」と呼ばれる非連続な発展がもたらされるというものです。

どうやって「新しい結合」をおこすのか？　どうすれば、結合によって世界を新しく捉え直すことができるのか？　いつでも自由に「新結合」がつくれたらどんなにいいだろう？

ルルスの結合術と「アルス・コンビナトリア」

驚くべきことに、シュンペーターから600年も前にこの新結合によって価値を生み出す「結合装置」とも言えるようなものを構想した人がいました。スペインの哲学者ライモンドゥス・ルルス（1232－1316）です。神学者でもあったルルスは、イスラム教徒をキリスト教徒に改宗させるための、ある装置を考案しました。全学問の総合的な体系を組み立て、基本的な概念を設定し、そこからなるべくたくさんの見方や結論を引き出すことで、キリスト教の優位を証明しようとしたのです。

記号計算的な方法を駆使した「ルルスの結合術」と呼ばれるこの思考装置は、後に多岐にわたる分野に形を変えて吸収され、ヨーロッパの結合術としてさまざまに展開されていきました。「アルス・コンビナトリア（Ars Combinatoria）」と呼ばれるこの方法が、文学や音楽、技術革新や社会制度といったヨーロッパの文化・文明を発展させていったのです。英語で言えば「Art of Combination（結合術）」、結びつけることで新しい価値を生み出そうとした歴史です。

「イノベーション（新結合）」は、現代のビジネスにおけるトレンド・トピックであるだけではなく、人類がその叡智をかけて取り組んできた挑戦でした。

生命の進化そのものが、非線形でイノベーティブなプロセスを通ってきたものです。遺伝学者のフランソワ・ジャコブ（1920-2013）は、生命の構造の多様さを表現するのに「ブリコラージュ」という言葉を使っています。「ありあわせのものを組み合わせて何かを創り出す、状況を切り抜ける」といった意味のフランス語です。生物の進化というのは、設計図に基づくエンジニアリングではなく、既存の系統を課題解決に応じて変更させてきたブリコラージュのプロセスである、ということです。

考え方や問題意識、機能や技術や商品、コンセプトや方法論などは、すでに人間が処理しきれないほどに大量に市場に出回っています。それらの用途をいかに読み替えて、まだつながっていない知と知をいかに結びつけ組み合わせることで、真新しい価値を生み出していけるか。「関係発見力」こそが、イノベーションの最初の一歩を起動させます。

では、どうすれば豊かに関係を発見でき、新しい結合に向かえるのでしょうか。

関係発見の秘訣は、物事を多面的に見ること

情報と情報の間になんらかのつながりを見つけるには、それぞれをどう見るかという「切り口」をなるべくたくさん持っておくほうが有利です。

ミニ演習02

▼スーパーのレジ袋は「食材等を持ち帰るための袋」ですが、他にどんな説明がありえますか？　なるべくたくさんの「切り口」から考えてみてください。

キッチンではゴミ袋になり、雨が降り始めたら自転車のサドルカバーになり、旅行先では洗濯物入れにも、いざというときのエチケット袋にもなります。ポイ捨てされれば環境を汚す害悪にもなりますね。同じレジ袋でも、場面や状況によってさまざまに機能も役割も表情を変えるのですが、その時々の状況の中で、人はたいていひとつの側面からしか物事を見ていません。

下の絵は、そういった人間の認知の特徴を体感できるよく知られた絵です。何が描いてありますか？

若い女性になったり、お婆さんになったりしますね。でもふたりを同時に見ることはできないはずです。人間の脳は、どちらかの側面の認

「娘と老婆」
（19世紀、作者不詳）

識しか処理できないようになっているのです。

この絵を初めて見たときに、小学生のころのある〝ちょっとした事件〟が強烈にフラッシュバックして、いろいろと考えさせられることがありました。


わたしが小学生の頃は、「野生の王国」やムツゴロウさんブームもあって、テレビでは動物番組が盛んでした。別々の局でたまたま2日続けて野生動物のドキュメンタリーを観た時のことです。

最初は、キツネの親子の「子別れ」の季節を追うものでした。たっぷりと愛情を注いで育てた子ギツネたちを、ある日母ギツネは厳しく突き放し巣から追い出します。母ギツネの意図を理解できないままに、とぼとぼと草原の中に旅立っていく子ギツネたちを、当時小学生だった自分の身と重ねて、胸が締め付けられるような気持ちで観ていました。どうかみんな幸せになりますように、お母さんがいなくてもちゃんと生きていけますように、キツネの無事を祈ったことを覚えています。

翌日、別の局でクマの親子の物語が放映されていました。二頭の子グマを連れた母グマは、しばらく餌を見つけられていません。このまま餌にありつけなければ、厳しい冬を乗り越えられずに親子ともども死んでしまう。静かなナレーションに、やはりドキドキしていました。祈るような気持ちで見ていると、やがて母グマが草むらの中にまだあどけないキツネを見つけます。クマが走り出し、キツネが逃げる。お腹をすかせた子グマのことで頭がいっぱいだったわたしは、「がんばれ、がんばれ」とお母さんグマを応援しました。見事すばしっこいキツネを捕まえた時には手を叩いて喜びました。

歓喜もつかの間、獲物をくわえて子グマのところに戻ってくる親グマの映像になったとき、くわえられてぐったりしているのは「昨日幸せを願ったキツネ」だったことに気づきます。幼い私の頭は、一瞬でパニックです。生きられなかったキツネ、それを喜んだ自分、やっとご飯にありつけた子グマ、食べられるキツネ。いろいろな気持ちがごちゃまぜになって、何がなんだかわからないままに泣き出してしまいました。

生き物の宿命を見たとか生命の不条理を知ったとかいうようなちゃんとした理解ではなくて、世界が一瞬にして反転したことへのショックだったのだと思います。

編集工学の観点からこの〝小さな事件〟を思い出すと、その「世界の反転」にこそたくさんの可能性が潜んでいるということがわかります。むろん子どものわたしは、そのショックを言葉にして理解することなどできませんから、しばらくのあいだ動物番組が嫌になった、という程度の反応だったと思います。

自分を取り囲む世界は多面的です。複数の交錯する文脈の上に放り出された状態で、みんななんとか自分と世界を理解しようとしているのです。

視点を意図的に切り替えたり、意思を持って多面性を見ようとしない限り、わたしたちはひとつの側面を見て理解したつもりになってしまう。これが、たいていのコミュニケーションの齟齬の原因だったりもします。

編集の基本は、「情報は多面的である」ということを肝に銘じることです。情報の可能性を最大化しておく、ということでもあります。そうすることによって、物事の関係性ははるかに発見しやすくなる。無防備に付き合うと痛い目を見ることもある「情報の多面性」も、そのつもりで見れば、たいそう豊かな価値の源になります。

一見関係ない情報Aと情報Bが何かの観点によって急に結びつくという現象は、それぞれの情報の多面性に向き合ってこそ起こることなのです。

思い切った対角線を引く

前述の「分節化」のところで、「わたしたちはすでに誰かが区切った跡の中にいる」と言いました（↓p.35）。「分ける」ことは編集の第一歩ですが、自分の意思とは関係なく分けられた世界の中で生きているのもまた、避けられない事実です。

ロジェ・カイヨワ（1913-1978）は、そうして分断された世界に新しい見方を持ち込む方法を「対角線の科学」と言いました。自然界の文様から神話の構造や絵画のモチーフにいたるまで、自然界と人間界の現象の背後に潜む法則性を見つけ出す視点です。

> 既得の知識をいろいろな形で横方向に切断することによって、時として危険なまでに細分化してしまっている様々な探究分野の区分を補修する
>
> ロジェ・カイヨワ『斜線』講談社学術文庫 2013年

確かにどんな物事も「時として危険なまでに細分化してしまって」います。そこに違った見方を持ち込んで、分かれているものをつなぎ直す。「ブリコラージュ」するのです。

では、「何かと何かが似ていると思う」、まったく同じ形ではないところに類似性や関係性を発見できるのはなぜなのでしょう？　そのことについても、本書の中で考えていきます。

情報が動き出す瞬間をいかにつくれるか。そのための第一歩は、漠然と目前を流れすぎていく世界を捉え直してみようという意思を持つことと、自分の思考に対して自覚的になることです。

アプローチ
03

乗り換え、持ち替え、着替え
固定観念から脱する「飛び移り」の技法

思考の枠組みに自覚的になる

生まれてから自分を取り囲む世界を学習していく中で、わたしたちはさまざまな思考の枠組みを獲得していきます。

「アプローチ01」で触れた人工知能の「フレーム問題」や「シンボル・グラウンディング問題」のような難問は、わたしたちが無自覚に行っている思考がいかに複雑かつ高度に形成されてきたか、ということを思い出させてくれます。

今日着ていく服を決めるのも、漫才を見て笑うのも、会議で資料を説明するのも、必ず何かしらの思考の枠組みを使って理解したり反応したりコミュニケーションしたりしているわけです。

ＭＩＴ（マサチューセッツ工科大学）の人工知能研究所創設者で人工知能の父と呼ばれたマーヴィン・ミンスキー（１９２７－２０１６）は、この頭の中の構造を「フレーム」と「スキーマ」という考え方で整理しました。人の知識の構造をコンピュータを使って表現しようとしたときにつくられたアイデアです。

ミンスキーの言う「スキーマ（schema）」というのは、頭の中に入ってきた情報を処理するために使われる知識の基本的なまとまりのことです。思考のための枠組み、器、入れ物と考えてもいいでしょう。

一般的に「スキーマ」というと、図解や図式、論理構造のことを指します。ドイツ語風に「シェーマ（schema）」といえば、医師がカルテに記す図解のことですし、ＩＴの文脈ではデータベースの構造設計やプログラミング言語のマニュアルのことを指すこともあります。

ビジネスシーンでは「スキーム（scheme）」という言葉がよく使われますが、こちらは枠組みのある計画や策略のことを言い、「事業スキーム」や「販売スキーム」など、「事業フレーム」よりも具体的な内容を伴った計画を指すことが多いです。

ここでいう「スキーマ」については、具体的な物事をある程度抽象化して捉えた枠組み、というふうに理解してください。

「スキーマ／フレーム」を操る「お笑い」の編集力

この「スキーマ」をさらに束ねている枠組みを「フレーム」といいます。ある概念を理解するのに必要となるような背景にある知識構造のことで、何かの意味は「フレーム」を背景にしてはじめて理解されえます。ひとつの「フレーム」は複数の「スキーマ」同士が関係し合ってつくられています。

「スキーマ」や「フレーム」がない状態では、わたしたちは毎度ゼロから物事を把握しないとなりません。いまこの瞬間も「読書フレーム」の中の「本スキーマ」や「読みスキーマ」が束なって、視線は上から下へと文字を追い、指先は迷わずページをめくっているはずです。

これらを外すと、「読書をする」という行為自体が何なのかを考えるところから始めないとなりません。さらに言えば、「読書」のような普遍的なフレームから、その地域や民族ならではのフレームにいたるまで、さまざまなレイヤーのフレーム／スキーマが混在しています。

この地域ごとのフレーム構造の違いが、「文化」として現れるのです。


落語や漫才やコントは、わたしたちが経験の中で培ってきた「スキーマ」と「フレーム」を、巧みに引き出してはずらしたり壊したりすることで「笑い」を生み出します。

たとえば、「ピザ屋フレーム」には、ピザ屋らしいユニフォームや言葉遣いや手続きの「スキーマ」が連なっています。「ピザ屋ならこうするはず」というフレームが共有されている上で、やたら馴れ馴れしいとか、玄関先で重たい

認識の枠組みであるフレームやスキーマを
飛び移りながら思考している

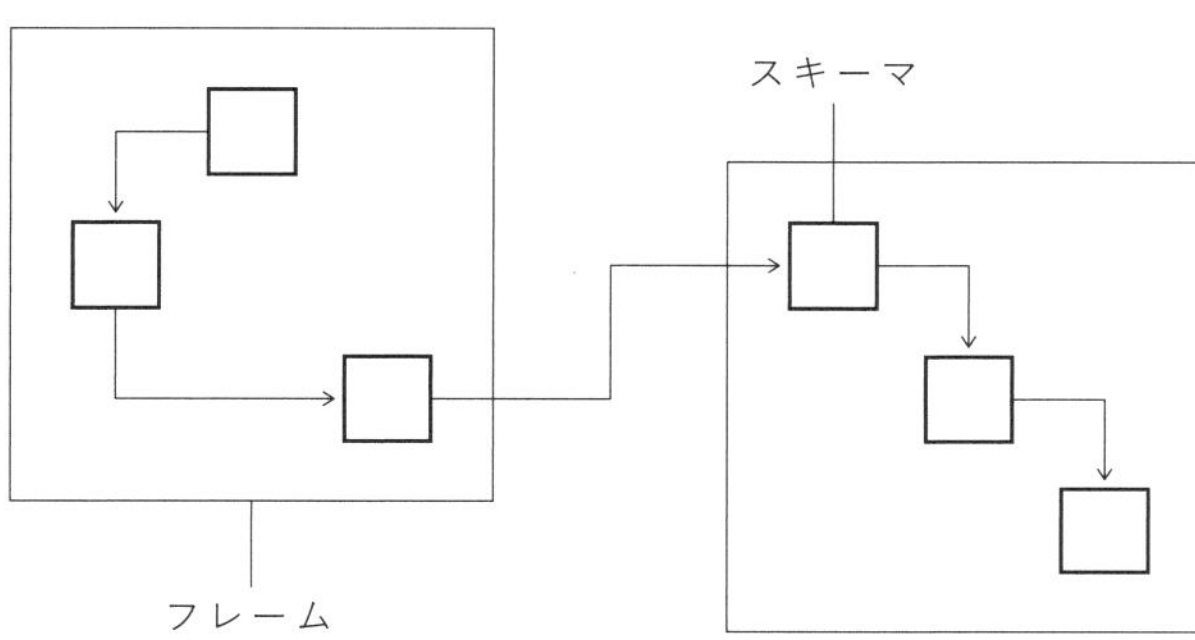

フレームとスキーマ

話を始めるとか、こちらのフレームやスキーマから外れていくときに、「ピザ屋なのに」というおかしさが生まれてくるというわけです。

音楽やアートやスポーツに比べて「お笑い」は国境を越えにくいと言われますが、「お笑い」というものがそもそも文化に内在しているフレーム構造を取り扱う技能である、という宿命もあるのでしょう。

このように、「スキーマ」や「フレーム」が相互に影響しあいながら、わたしたちはさまざまな事柄をパターン認識しています。

「発想が豊か」とか「頭がやわらかい」と言われる人は、必要に応じてこの認識のパターンをくずして、新しいものの見方（スキーマやフレームの新しい組み合わせ）を持ち込める人とも言えます。そう考えれば、「発想力」というのは必ずしも生まれ持ったセンスだけによるものではないことがわかります。思考の枠組みに自覚的になって、意図的に取り出したり飛び越えたり組み合わせたりをマネジメントすることで、いかようにも引き出されていくものです。

フレームの組み合わせや飛び移りをすべて外部に取り出してマネージしようとした「発

想力エンジン」とも呼べる夢の装置への挑戦が、「アプローチ02」で触れた「ルルスの結合術」でした（↓p.39）。

そこから600年を経て人工知能にいたっても、いまだ完璧な「発想力エンジン」はつくられていません。いかに人間の想像力が複雑で入り組んでいるか、ということです。

ここでは、どうすればフレームを自在に飛び移れるのか、ということを探って、わたしたちの内側にある「発想力エンジン」にもう少し踏み込んでみましょう。

情報の「乗り換え・持ち替え・着替え」

情報は、常に外部の何かと組み合わさりながら認識されています。

まず、情報は何かしらの「乗りもの」に乗っています。テレビやSNSや本のようなメディアのときもあれば、社長のスピーチや子供との会話やレストランのメニューのような情報の形態の場合もある。そして、ラベルや分類や組み合わせやパターンといった「持ちもの」を持っています。そこに、和風や洋風、よそ行き、カジュアルといった様式やモードといった「着もの」を着ている。

これを松岡正剛は「情報はひとりでいられない」とし、「情報は常に乗り換え・持ち替え・着替えをおこしている」と言いました。編集という行為は、この情報のトランジット・ポイントに積極的に関与することでもあります。

情報の「乗りもの・持ちもの・着もの」が動かなくなっている状態が、物事の行き詰まりや場の閉塞感を生みます。プロジェクトや仕事やアイデアがスタックしてしまっているようなときは、乗り換え・持ち替え・着替えを思い切っておこす方向に舵を切ると、錆びついたつっかえが弾けるように、ことが動き始めることがあります。

「フレーム」や「スキーマ」が動いていることを自覚して、そこを覗き込んだり飛び移ったりすることで、情報の乗り換え・持ち替え・着替えは進んでいきます。

ミニ演習03

▼「テレワーク」って何ですか?
なるべくたくさん言い換えてみてください。

「在宅勤務」「リモートワーク」「サテライトオフィス」などが思い浮かびますが、「tele＝離れて」「work＝働く」と考えれば、「職人の分業体制」もテレワークですし、役者やスポーツ選手の「自主練習」もテレワークといえるでしょう。情報の「乗りもの」をオフィスから舞台、工場、飲食店、農家などと変えていくと、見慣れた光景も違った情報として見えてきます。

情報を多面的に見るための基本的な編集メソッドとして、第3章で「見方をガラリと変える情報の『地と図』」を紹介しています。気になる人は、先に練習してみてください。（→p．214）

「連想と要約」をかわるがわるにおこす

ミンスキーは「フレーム」についてもうひとつ重要な指摘をしています。フレームからフレームへ思考を飛び移らせるのは「アナロジー」の働き以外にないと言っています。ここはロジックではないのです。

自在に乗りものを飛び移る技法として「アナロジカル・シンキング」（次の節で詳述します）を駆使し、その論理を組み立てていくところで「ロジカル・シンキング」を動かしていく。

昨今、この両輪を動かすことの重要性については、さまざまな言い方で説かれています。「水平思考と垂直思考」、「右脳と左脳」、「知の探索と知の深化」、「直感と論理」などなど。それらに通底するのは、わたしたちの思考には連想力（跳躍に向かう力）と要約力（着地に向かう力）が元来備わっていて、そのいずれも動かさないとならない、ということです。

20年ほど前に日本に入ってきたロジカル・シンキングは、この「要約力（着地に向かう力）」に比重をおいた論理的思考です。

そのルーツは古代ギリシアの論理学までさかのぼりますが、アメリカのマッキンゼー・アンド・カンパニーのコンサルタントが体系化し、「物事を体系的に整理し、筋道立てて矛盾なく考える思考法」として、ビジネスパーソンの必携のスキルとなりました。

「何を考えるべきか」という課題の枠組み（フレーム）が明確な状況で、ロジカル・シンキングは威力を発揮します。ただし、設定されたフレームの外へ出て「何を考えるべきか、それ自体を考えたい」ときには、ロジカル・シンキングでは賄いきれないところがでてきます。「フレームからフレームへ思考を飛び移らせるのは『アナロジー』の働き以外にない」というミンスキーの指摘は、論理的整合性だけによる思考の限界を示すものでもありました。

いわずもがな、ものを考えたり創造したり仕事をしていくにあたって、これらはいずれも必要な力です。

両方の力を動かしていく上でよくよく心に留めておきたいのは、「その両輪はかわるがわる動かさないとならない」ということです。未知の方向に思考を拡散していく「連想系」のベクトルと、既知の方向に情報を束ねていく「要約系」のベクトル、これらをかわるがわる起こしていくことが重要です。

というのも、この「連想」と「要約」に同時に向かうということが、わたしたちの脳はできないのです。いっぺんにやっている人がいるように見えても、それは高速に行ったり来たりしているにすぎません。

何かのアウトプットに向かっているときに一向に手元が進まなくなったり、会議での議論が行き詰まってしまうようなときは、たいていこの「連想」と「要約」を無自覚なままにいっぺんにやろうとしています。アクセルとブレーキを同時にふんでいるような状態です。

子どもに「自分の頭で考えなさい」と言いながら「早くしなさい」と急かしている、企画書を「完璧にまとめたい」と思いながら「もっといいアイデアはないか」と探している、会議で「自由に発想するように」と促されながら、発言すれば「実現可能性は?」と問われる、など。

わたしたちの思考は「連想」と「要約」のハイブリッドで進みますが、それは常に「かわるがわる」を意識しないと十分に動かないものなのです。このことを踏まえるだけでも、子どもへの声がけの仕方も企画書のつくり方も会議の進め方も変わっていくでしょう。

固定観念から脱するには、まず「連想系」の思考に強くなること、そしてその力を意図的に発動していくことです。いま置かれている認識のフレームを自在に飛び移ることで、自分を縛っている「固定観念」を外側から眺めることができるようになります。

では「連想系」の思考に自在に入っていくには、どうしたらいいのでしょうか。いよいよここから、編集力のコアエンジンを動かす「アナロジー」の骨法に入っていきます。

アプローチ
04

似たもの探し

柔らかな戦略思考「アナロジカル・シンキング」

思考の眠れる獅子、「アナロジー」

連想（association）は「連ねて想う」、次々と関連のある事柄を追って、イマジネーションを拡張していくことです。どうやって関連を見つけているかといえば、何かと何かが「似ている」「関係がある」と思う力によります。

人は放っておいてもツラツラととめどもない連想をする。編集工学では、これを「意味単位のネットワーク」を進んでいると見ます。

たとえば、仕事の合間に入ったカフェの隣の席で、システム手帖になにやら書き物をしている人がいる。ぼんやり眺めるうちに思考は宙をさまよい……手帖→スケジュールか

↓明日の予定はなんだっけ↓あ、あの連絡まだしてない↓やばい↓そういえば洗濯物出しっぱなしでそっちもやばい↓このまま帰ろっかな↓そもそも家事の分担おかしくない？↓あ、その前にあの連絡しないと……以降、我に返るまでえんえん続く。

考えてみれば人の連想力とはすごいものです。無自覚の自動運転で、次から次へと物事の関連性を見つけてはネットワークをたどるようにどこまでも進んでいく。むしろそれを断ち切るために、僧侶は厳しい修行をしたり、ビジネスパーソンはマインドフルネスのプログラムを導入したりもしているのです。

ここでは、人にそもそも備わっているこうした連想の力を、創造に向かって前向きに動かしていく方法を見ていきましょう。そのツラツラを放っておかないで、自分の好ましい方向に意図的に広げていくために、アナロジーのエンジンを使うのです。

では、ここで改めて、「アナロジー」とはなんでしょうか？　何かと何かをつないだり組み合わせたりする思考の中で、常に動いているものです。

「アナロジー」とは「類推」であり、「似ている（類似）」ものを「推し量る（推論）」ことです。その構造がどうなっているかというと、未知（未だ知らないこと、わかりたいこと）をわかろうとするために既知（すでに知っていること）を使って想像すること。ひとことで言えば、「何かにたとえて考える」ということでもあります。

「アプローチ02」で異なる情報の間の関係を発見する力とイノベーションの関係について述べましたが（↓p.37）、その背景には必ずやアナロジーが働いているのです。

前述したように、アナロジーはすでにわたしたちの中に組み込まれている力でもあり、アナロジーの力を封印して生活するのは不可能と言ってもいいでしょう。「まあつまり、〜みたいなもんだよ」という説明をすることがあると思いますが、これもひとつのアナロジーです。そして、この「みたいなもん」をうまくマネージメントしていくことで、わたしたちの想像力の翼

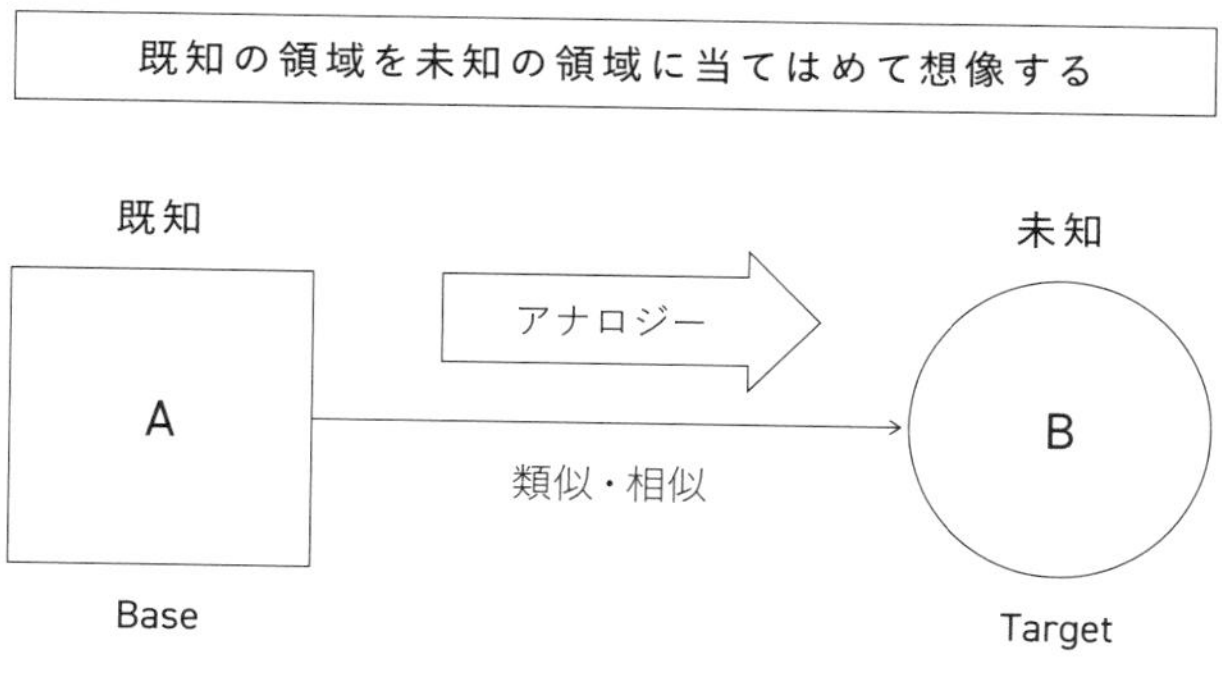

アナロジーって？

はぐんぐん強くなっていく、というのが、ここでお話ししたいことです。

何をもって何とみなすか

「わからないこと」を理解したり「まだ見ぬもの」を発想したりするための認知過程であるアナロジーは、日常の思考にとどまるものではありません。科学や芸術などの創造活動における高度な探究過程の中でもその力を発揮しています。

日本人として初めてノーベル賞を受賞した理論物理学者の湯川秀樹さん（1907－1981）は、アナロジーでもって新しい科学の世界をひらこうとした人でした。

松岡正剛は、二十代のころに湯川秀樹さんに私淑し、そのものの見方に大いに影響を受けたそうです。ブックナビゲーションサイト「松岡正剛の千夜千冊」（以降「千夜千冊」）の828夜「創造的人間」に、以下のようなご本人の言葉を紹介しています。

「大事なことは、では、何をもって何とみなすかということなんです。このとき、『何をもって』というところにもイメージがいる。『何とみなすか』というところにもイメージがいる。この二つのイメージを最初から連続したものと見てきたのが、これまでの科学というもんやったわけやね。そやけど、この二つのイメージは別々のものでもかまへんのです。その異なるイメージをつなげ、そもそも何を何とみなすかという『同定』をおこすことが、本当の理論物理学なんです。」

異なるイメージをつないで「何をもって何とみなすか」。一見結びつかないフレームの間に関係を発見し、未知なるものを既知を使って発想する。理論物理学のみならず、あらゆる探究活動のキーメソッドと言えるでしょう。

「何をもって何とみなす」かの日常的な例として、水流と電流のアナロジーがしばしば引き合いに出されます。水流系をA、電流系をBとすると、以下のような関係になります。

A：水源、貯水、水流、水圧、水力、漏水
B：電源、蓄電、電流、電圧、電力、漏電

「B（電気）」の理解のために、「A（水）」の知識を利用している例です。こうしてわたしたちは、目に見えない「電気」の様子を「水」のアナロジーを使って理解しているのです。

認知科学や編集工学では、基点となる「A」の知識を「ベース（base）」、理解の対象となる「B」の知識を「ターゲット（target）」と言い、「A」の知識が「B」の理解に転用されることを「写像／マッピング（mapping）」と言います。

さらに編集工学では、このベースからターゲットの間で動く像（さまざまなイメージ）を「プロフィール（profile）」とし、この三点を動かす方法を「BPTモデル」として重視しています。ベースを見定め、ターゲットに臨み、その間で

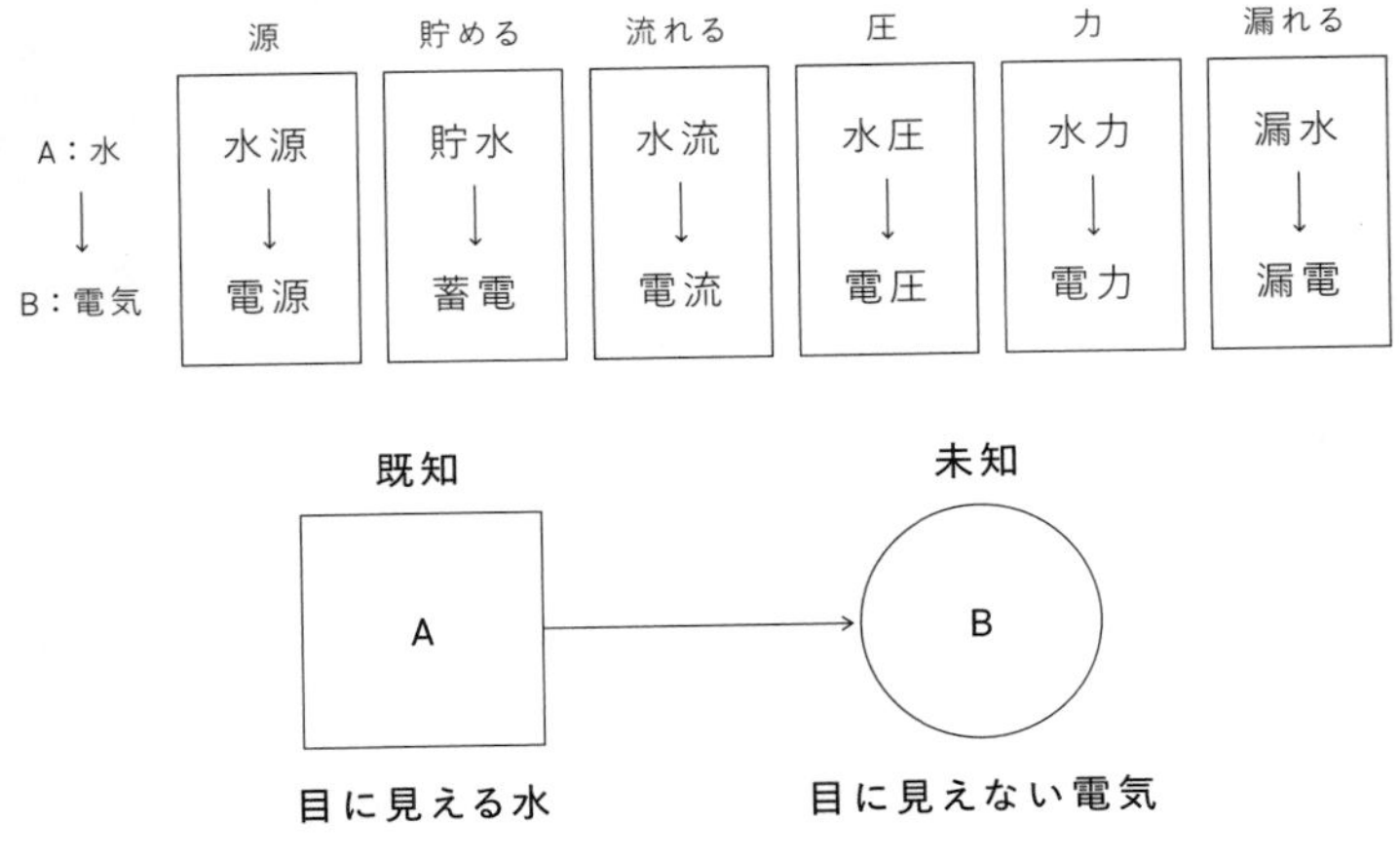

水流と電流のアナロジー

ゆらぐプロフィールをつかまえながら思考を先に進める方法です。

似てる↓借りる↓当てはめる　アナロジーの構造

アナロジーが動くところでは何が起こっているのでしょうか。分節化すると、大きく3つのステップで考えられます。

1. 何かと何かが「似ている」と思う
2. (似ているものの構造を)「借りてくる」
3. (借りてきた構造を)「当てはめる」

似ているものを、借りてきて、当てはめる。

まず、何かと何かが似ていると気がつくことです。アナロジカル・シンキングに強くなるには、「これって、あれみたいだな」と思うことを、常に歓迎すること。「関係発見力」

(→p．37）がものを言います。

見た目が似ていたり印象が似ていることもあれば、物事の関係性や話のなりゆきなど、情報の構造が似ていることもあるでしょう。アナロジーはおもに「構造の類似」を推し量ることにあります。

その上で、似ているものの構造の何かしらを借りてきます。特に科学におけるアナロジーを成立させる重要な性質として、言語学者の瀬戸賢一さん（1951－）は、以下の3点をあげています。

1．関係性
2．選択性
3．単一性

「関係性」は、たとえるものとたとえられるものの類似性が、その関係のみに関わるということです。電気における電池と電流は、水における池（溜まっている状態）と水流（流れている状態）の関係を借りてきている表現です。

「選択性」は、双方の特質すべてが関係づけられるものではなく、たとえば「男は狼」といえば、毛むくじゃらとか牙があるといったことを問題にしているのでないことは、ある程度の常識を共有していればわかります。数ある特徴の中から、わたしたちはアナロジーにふさわしいものだけを選択できるのです。

「単一性」は、たとえるものを複数にしないということです。「AをもってBとみなす」のであれば、そこにCやDの他の系列の特徴は入れない。「電池」というふうに水の貯蔵のメタファーで行くのであれば、そこから出るものに植物や動物や光や空気のメタファー等を持ち込まず、同じく水の特徴から借りて「電流」としたほうが、論理の統一が保てるということです。

アナロジーが動くためには

- 似ていると思うこと
- 借りてくること
- 当てはめること

→ BPTを動かす

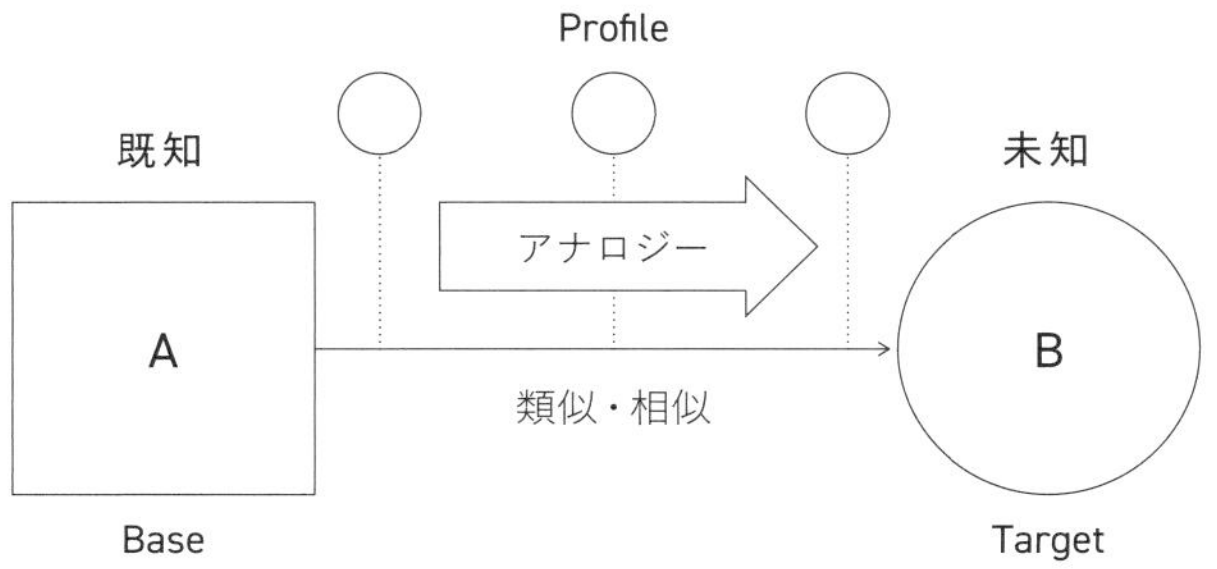

アナロジーに必要なもの

これは主に、科学的なアナロジーにおいて重視されることです。（瀬戸賢一『メタファー思考 意味と認識のしくみ』講談社現代新書 1995年）

最後に、借りてきたものを、未知のものに当てはめます。

こうして、「語り得ないもの」を「語り得るもの」に変換する努力をしながら、未知なるものを理解したり、説明したり、発想したりしているわけです。

ミニ演習04

▼「じゃんけん」は石と紙とハサミのアナロジーですね。身の回りにあるアナロジーを探してみてください。無自覚なままに使っているアナロジーがたくさんあるはずです。

戦略思考としてのアナロジカル・シンキング

ビジネスにおける戦略論としても、アナロジカル・シンキングは重要な役割を果たします。ハーバード・ビジネス・スクール助教授のジョヴァンニ・ガベッティは、2005年の「ハーバード・ビジネス・レビュー」で「不確実な時代の戦略思考　アナロジカル・シンキング」と題する記事を発表しました。

「アナロジーで思考している自分に目を向ければ、戦略上の意思決定の質を高め、判断ミスを減らすことができる」という示唆から始まるその記事は、インテルやトヨタやトイザらスといった企業の事例を紹介しながら、経営におけるアナロジーの存在感を伝えるものでした。（『DIAMONDハーバード・ビジネス・レビュー 2005年7月号』ダイヤモンド社）

企業の経営層に対して行ったガベッティの調査によれば、多くの経営者が意思決定においてアナロジーを駆使していたとのこと。ビジネスの戦略立案においては、合理的な演繹的思考と実践的な試行錯誤の組み合わせが王道とされながら、実際にはそのどちらでもない「アナロジー」によって難局を突破したり、新たなビジネスを構想したりしているケースが多く、先行きが不透明な状況になるほどアナロジーに頼る傾向があったそうです。

ここまでは、実際の意思決定の現場を想像してみれば「まぁそうでしょうね」というお話なのですが、興味深いことに、意思決定にアナロジーを駆使していると自覚している経営者はほとんどいなかった、ということでした。

そして、使い方次第で卓越した洞察を導くことができるアナロジー思考は反面、それが表層的であったり、一度採用したアナロジーを無自覚に放置したままにすると、間違った推論に突き進んで修正ができなくなる危険性もある、と指摘しています。

シンプルな表現で組織の共通認識と理解を導き、未知を指し示すことのできるアナロジーは、自覚的に取り扱わないととんだ「思い込み」として居座る邪魔者になる、という諸刃の剣としての姿を示唆したものでした。

アナロジカル・シンキングには「あなた」が必要

毎回ゼロから考えなくても、世の中は参照すべきモデルに満ちています。それらを存分に活用するのがアナロジカル・シンキングなのですが、そこには自分自身のイマジネーションや体験に基づく洞察や直観や見方が必要になります。

ロジカル・シンキングは、同じ条件で同じお題が与えられたら常に同じ答えを出せるようにするための道具です。一様な方向を目指して競争する社会の中で、課題解決の大量生産が必要だった時代には、ロジカル・シンキングが大変有効に機能しました。

先行きが不透明になり、価値観が多様化する現在においては、何が課題でそれはどんな構造をしているかということ自体を、自ら考えないとなりません。言い換えれば、思考の枠組みやフレームごと捉え直さないとならない場面が多々あるはずです。

先述のミンスキーの指摘の通り、そこはロジックではなくアナロジーの出番なのです（↓p.55）。そして、アナロジカル・シンキングにはファクトやエビデンスに先行して、自分のイマジネーションが入らざるを得ないという特徴があります。

編集工学研究所では、企業の人材育成の側面で「発想力」や「情報編集力」の向上をテーマにした研修をお預かりすることが多くあります。その中である共通点を発見したのですが、ロジカル・シンキングのトレーニングを徹底して受けたという組織ほど、アナロジーの発動力が乏しいのです。

どんな業界や企業であれ、日頃の業務で優秀とされる人ほどアナロジーが動かない、という場面に多く出くわしました。なぜだろうと興味深く観察する中で見えてきたことは、「あなた」が問われることへの抵抗感でした。

ファクトとエビデンスと論理を積み上げて適切な解を導くロジカル・シンキングでは、

人それぞれの好みや価値観は重視されません。むしろ個人的で主観的な見解を排除したところで、どれだけ説得力のある解を導けるのかがプロのビジネスパーソンとされてきたところもあるでしょう。

アナロジーは、個人の経験や記憶のデータベースと照合しなければ動きません。「何をもって何とみなすか」のあいだには、人それぞれの〝ものの見方〟が入らざるを得ないのです。そのため、10人いたら10人のアナロジーがある。だからこそ、導かれた視点が価値を持つのです。

アナロジーが動き出すためには、まず自分自身の見方が問われることへの強固な抵抗感を外さないとならないと思いました。自分のイマジネーションに向き合うことさえできれば、誰の中にもアナロジカルに発想する力はあるのです。

そこで、研修にこんなひと手間を加えることにしました。

あるひとつの言葉から、自由に連想を進めてもらいます。その頭の中の連想を書き出したワークシートを、4~5人一組のチームの中でぐるぐるとまわしてもらって、「なるほど」「それは思いつかなかった」と思ったものにはマルをつけてもらいます。

無防備な頭の中を覗かれている気まずさやら恥ずかしさやらで、最初は苦笑いしながらのスタートなのですが、何度か繰り返すうちに、徐々に様子が変わっていきます。

連想はそれこそ十人十色ですから、自分としては何気なく書き出した連想の痕跡にも、何かしらマルがついた状態で手元にかえってきます。人の連想のユニークさになり、自分ではあたりまえと思うものにマルがついてかえってくる。

この時の、人の頭の中はこんなに違うという小さな「発見」と、自分の頭の片隅にいくつかマルがついた時のちょっとした「承認」とが、「自分の見方を問われることへの抵抗感」を少しずつほぐしてくれます。「この違いこそが価値なのですよ」ということを強調するうちに、受講者のみなさんが表情ごと変わっていくのを幾度も見ました。

こうした準備体操を経て本格的にアナロジーを動かすワークに入っていくと、あきらかにパフォーマンスが変わっていきます。アウトプットの整合性を問うことをいったん脇において、内側のストッパーを外す方向に意識を向けると、人の発想力というのは相当な力を発揮します。「頭がかたい」「発想力がない」というセルフイメージは、自ら勝手につくりあげたフィクションにすぎません。

子どもはアナロジーの天才です。おままごとやごっこ遊びはそのまま即興のアナロジーですし、ケイドロやドッジボールやかくれんぼなどは、大人社会の制約や競争をスリリングな遊びにアナロジカルに転じたものと言えます。

前述のロジェ・カイヨワは、「似たもの探し」を遊びの本質と見ました。カイヨワは著書『遊びと人間』の中で、遊びの四分類を以下のように提示しています。

「アゴン（競い）」「アレア（運）」「ミミクリー（模倣）」「イリンクス（目眩）」

その前提として、「パイディア（即興と歓喜の間にある、規則から自由になろうとする原初的な力）」と「ルドゥス（恣意的だが強制的でことさら窮屈な規約に従わせる力）」というふたつの特徴を、遊びの本質としてあげています。

世界中の遊びはこれらの組み合わせであり、ほとんどの遊びがこのマトリクスにマッピングできる、とカイヨワは考えました。なるほど、そう言われれば、遊びと呼ばれるものには、この四つのどれか、あるいはいくつもの特徴があてはまりますね。

ではここで、少々ブレイクタイム。本を置いて、好きだった遊びを思い浮かべてみてください。子どものころのいろいろな場面が蘇ってくるでしょう。夢中になった遊びはどんなものでしたか？　一人遊びかもしれないし、友達と一緒かもしれません。屋内かもしれないし、外遊びかもしれない。時間を忘れて没頭した遊びがあったでしょう。

もう一度、カイヨワの遊び四分類を見て

	アゴン 〔競い〕	アレア 〔運〕	ミミクリ 〔模倣〕	イリンクス 〔目眩〕
パイディア 〔遊戯〕 ↑	競争 取っ組み あいなど　規則なし	鬼を決める ジャンケン	子供の 物真似	子供の 「ぐるぐる めまい」
騒ぎ はしゃぎ ばか笑い	運動競技		空想の遊び	メリ・ゴー・ ラウンド
	ボクシング 玉突き	裏か表か 遊び 賭け ルーレット	人形 オモチャ の武具	ぶらんこ ワルツ
凧上げ 穴送りゲーム トランプの 一人占い クロスワード	フェンシング チェッカー サッカー		仮面 仮装服	縁日の 乗物機械 スキー
↓ ルドゥス 〔競技〕	チェス スポーツ 競技全般	単式富くじ 複式富くじ 繰越式富くじ	演劇 見世物全般	登山 空中 サーカス

遊びの分類

ロジェ・カイヨワ『遊びと人間』（講談社 1971年）より

みましょう。お気に入りの遊びはどこに分類されそうですか？

アゴン派ですか？　イリンクス派ですか？　アレアやミミクリーもありますか？（「スイカ割り」や「ケイドロ」なんかは、この四つのすべてが見事に入っていますね。）

遊びに夢中になった心持ちをそのままに、「ミミクリー（模擬）」と思われる遊びを思い浮かべてみてください。おままごとやごっこ遊びの他にも、積み木の家や秘密基地、変身レンジャーや折り紙やあやとり。何かを何かに見立てたり、そのつもりになってみたりした遊びも結構あることでしょう。

それが、「あなた」の中にあるアナロジーの原郷です。

カイヨワは、ひときわ「ミミクリー（模擬）」を重視します。「人間の最大の誘惑は類似のものを見つけ出すということにあった」として、人間に備わった「似たもの探し」の本能を、遊びを通して示しました。

フランスの社会学者ガブリエル・タルド（1843-1904）は「社会は模倣からできている」と言い、世阿弥（1363-1443）は「物学《ものまね》」こそが芸の本質と説きました。

松岡正剛はこれらに着想を得、自らが創刊した雑誌「遊」に世界の「似た者同士」をビジュアル編集した「相似律」（シミラリティ）の特集を組みました。このアイデアをカイヨワ

上空4200Mから見たコロラド河の河口とリヒテンベルク図形（上）
木目、ガラス、アスファルト、象の尻尾、クモの巣などの割れ目（下）
雑誌「遊」1001相似律特集号より

61

右頁……4200メートルの上空から撮ったコロラド河の河口付近。黒い点は砂州に繁茂する灌木。一本の河が、一本の樹にみえる。河は地を割る樹木にほかならない。

左頁……リヒテンベルク図形。これは、メタアクリル樹脂に1メガエレクトロンボルトのβ線を照射したものに、電導針を接触させている。前頁の網膜写真とそっくりである。

60

●……dendritic physica……B

重力をあざむく放電図形力

discharge patterns that defy gravity

人体内部の血管ともおぼしき右ページの写真は実はコロラド河の航空写真です。この写真のみならず、地球の陸地にはすべてこのような樹木状の亀裂がくまなく走っています。

いや、陸地ばかりでなく海底にも似たような亀裂は走ります。地球はまさしく《球体植物》とも呼ばれるべき代物です。

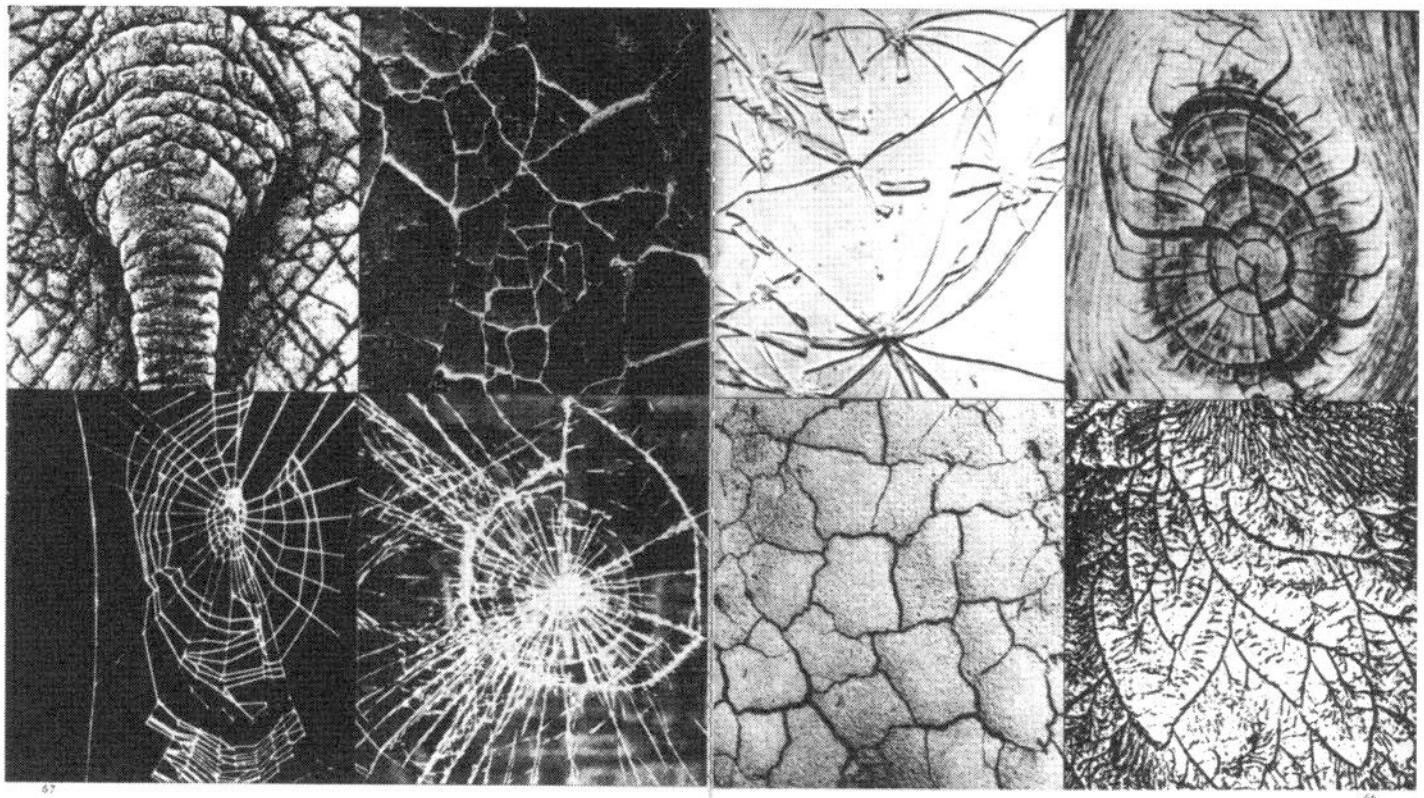

67

右頁……（上右）木目のヒビ割れ。

（上左）ガラスの割れめ。

（下右）アルミニウム板に松脂を塗し、それを冷やして得られる割れめ。寺田寅彦の弟子である"割れめ学"の提唱者・平田森三による。

（下左）張り氷の割れめ。

左頁……（上右）アスファルトの割れめ。

（上左）象の尻尾。

（下右）ショーウインドーの強化ガラスに生じた割れめ。撮影―寺尾冨三。

（下左）無重力のために糸のパターンに狂いが生じたクモの巣。（『ライフ・ネイチュア・シリーズ』より）

66

●……dendritic physica……E

寺田寅彦が注目した「割れめ」の現象学

the phenomenology of "fissures" observed by Torahiko Terada

《科学的愉快》という事情を知っていたわが国で最も粋な観察者である寺田寅彦は、ガラスの割れめやひび割れなどとトラやシマウマなどの体表模様の間に「共有される原則」があるとみなして、これを"割れめの研究"と名づけました。

この研究は弟子の平田森三によってさらに発展し、『キリンのまだら』という好著を生みました。

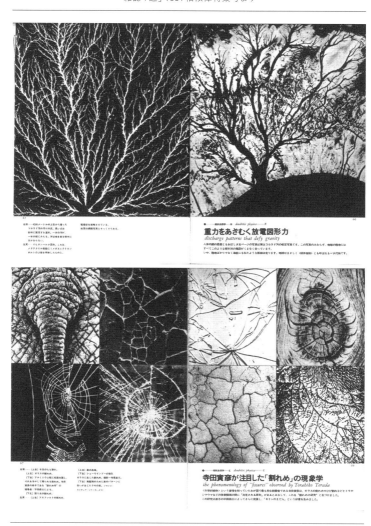

に見せたくて、ゲラを抱えてカイヨワのパリの自宅に赴いたそうです。

何かと何かが似ているということは、それだけで人間のイマジネーションの根っこをくすぐるちょっとした魔術です。目前の問題解決にとどまらず、人間に潜在する想像力の可能性を最大限に引き出すフックとして、アナロジーが重要です。

松岡正剛は「『似ている』とは、そこにひとつの遊星的郷愁を触知する信号だ」（雑誌「遊」１００１相似律特集号１９７８年）と言いました。それはどこか遠いところにあるものではなく、いまも自分の中で息を潜めている性質なのです。

胸の中のおもちゃ箱の蓋を開けるように、子どものころに慣れ親しんだアナロジカル・シンキングを、今一度手の中に取り戻してみてください。

まずは、「これは何と似ているかな？」と思ってみる（思うだけでいい）。そこでピンときたものに自信を持つ（誰も採点できません）。自分のイマジネーションの底力を信じる（ＢＰＴの試行錯誤をいとわない）。

やがて、「アナロジー」という名の眠れる獅子が、ゴソゴソと目をさますはずです。このスタート地点に立てたら、このまま「大いなる仮説」に向かう推論の領域へと進みましょう。

アプローチ
05

「あてずっぽう」のすすめ
ゆきづまりを突破する「アブダクション」

ブレイクスルーのための仮説思考「アブダクティブ・アプローチ」

編集工学研究所には、さまざまな方面から多種多様なご相談ごとが舞い込みます。こちらが思いも寄らない「お題」をいただくこともしばしばです。企業、学校、自治体、行政など、業態も業界もさまざまですが、みなさんに共通しているのは「何かしらのブレイクスルーを必要としている」ということです。

そういった場合の課題には、分析も設計も企画も表現も渾然一体となって含まれるので、広告代理店でもない、コンサルティング・ファームでもない、いったいどこに相談したらいいのだろう、というところで編集工学研究所を知りました、という方々が多く訪ねていらっしゃいます。
ご相談内容はさまざまながら、編集工学の観点から見れば、どんな課題も「情報」です。「アプローチ01」にあるように、「情報の海に句読点を打つ」（→p．32）ところから始めて、情報としての課題をしかるべき方向に向かわせる編集のプロセスに入っていきます。

持ち込まれるご相談内容に関しては、すでに何かしらの手を打たれていることが多いため、一から与件をうかがって対応方法を組み立てるというよりは、ざっと現状と経緯をお聞きして「何に困っているのかな？」「何がつまっているのかな？」というところを中心に探っていきます。

いくつかの「ゆきづまり」ポイントが見えてきたら、そこを突破する思い切った仮説を先行させるようにします。

その上で、実際の仕事を動かしながら仮説の出来不出来を検証し、適宜修正をかけながら仕事を前に進めていきます。

出来のいい仮説というのは、たいてい複数の「ゆきづまり」をいっぺんに突破する力を持ちます。仮説は「コンセプト」の形で提示されることもあれば、シナリオやビジュアルイメージになることもあります。いずれにしても、その仮説（コンセプト等）を当てはめてみると、あのこともこのことも、全部スッキリ説明がつく！というものを目指します。

どれだけ振り切った仮説を、どれだけ確度高く打ち出せるか。その仮説は、どの程度現実味があって、どこまでのインパクトを持ちうるのか。この仮説への集中とその具現化にいたる編集プロセスこそが、編集工学研究所の仕事の腕の見せ所なのですが、そのためのセルフチェックのポイントは案外シンプルです。

「イメージの波紋が広がるかどうか」というものです。

どんなに込み入った課題も、突破のための仮説がうまくいっていれば、次から次へと何かしらの「感じ（フィーリング）」を伴うイメージの連鎖が起こります。ドキドキやゾクゾク、ほーという感心やへー！という驚きなど。質のいい仮説というのは、あちこちに明るい胸騒ぎや美しい波紋を呼ぶものです。

逆も真で、どれだけ魅力的なビジョンを持ったご相談ごとも、こちらが質のいい仮説を繰り出せないままになれば「イメージの波紋を起こせない仕事」に顛落させてしまう危険性があります。

それだけ、仮説に持たせる役割が大きい。ともすればリスキーなやり方かもしれませんし、場合によっては一時的に先の見えない試行錯誤を伴いますが、それでも仮説を先行させるのが結局は一番速いし、なにより遠くまで行けるのです。

そもそも、ゆきづまりの突破にはリスクが伴います。このリスクテイクの感覚をクライアントのチームと十分に共有できたら、たいていの場合ゴールは見えたも同然です。あとは持ちうる限りの経験と技能と技法と知識を投入して、幾度もＢＰＴの置き直しと試行錯誤と修正を繰り返しながらゴールへと向かいます。

編集工学研究所では、この仕事のスタイルを「アブダクティブ・アプローチ」と言っています。仮説を先行させる推論の「アブダクション」を中心に組み立てていく仕事のスタイルです。

どんな組織やプロジェクトも、知らず知らずのうちに既存の見方のフレームに思考がはまり込んでいることがあります。それをリフレームして捉え直しをおこす必要があったり、見方に大きくパラダイム転換をもたらしたい時には、仮説先行型の思考にならざるを得ません。

フレームの飛び移りにはアナロジーが必要と前述しましたが（→p.55）、ある一定の狙いを持ってジャンプするには「思い切った仮説」が先行しているべきなのです。そのための技法が、「アブダクション（仮説的推論）」です。

第三の推論「アブダクション」の威力

「アブダクション」は推論の一種です。では「推論」とは何でしょうか？　「ある事実をもとにして、他の事をおしはかること。推理や推定を重ねて結論を導くこと」ですね。既知の領域を前提に、未知の領域の結論を導き出すための、論理的に統制された思考過程のことです。

先述のアナロジーと構造は似ていますが、「論理的に統制された思考過程」というところが推論の特徴です。推論は一般的に「演繹」（deduction）と「帰納」（induction）に大別されますが、そのいずれでもない第三の推論が「アブダクション」（abduction）。仮説や問いを先行させて推論していくことから「探究の論理学」（the logic of inquiry）とも言われていて、アメリカの哲学者であり論理学者であるチャールズ・サンダース・パース（1839－

1914）が、およそ150年前に提唱しました。日本語では「仮説的推論」や「仮説形成」と呼ばれます。

「アブダクション」というと、誘拐や拉致等の意味で、宇宙船に連れ去られるようなSFチックな場面を連想する人もいると思いますが、論理学でのアブダクションはまったく別の意味になります。

アリストテレスが提唱した仮説推論を指す言葉に「アパゴーゲー」（apagoge）という古代ギリシア語があるのですが、ローマに渡る中でラテン語の「アブドゥクティオ」（abductio）という言葉に訳されました。

「分離」という意味の接頭語「ab-」に、「導く」「引き出す」という意味の「duco」から派

既知の前提から未知の結論を導き出すための、
論理的に統制された思考過程

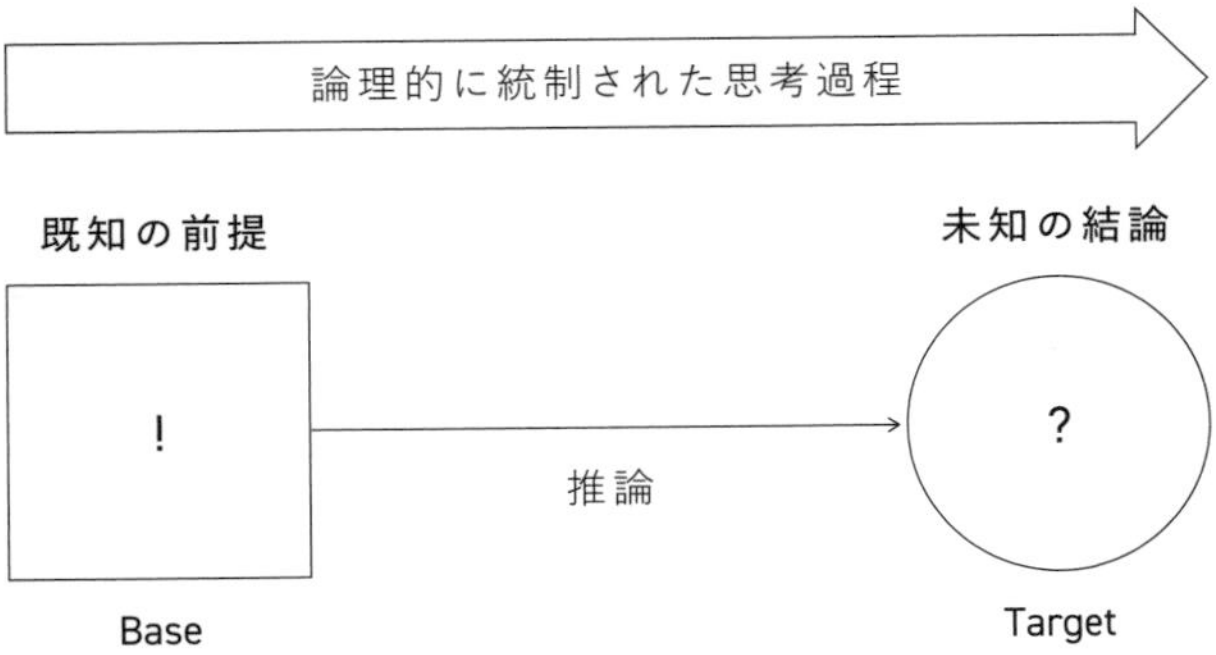

「推論」とは？

生した「ductio」という名詞が結びついた言葉です。「あるものの内から何かを引き離したり取り出したりすること」ということになりますが、この語源にアブダクションの本質があると言ってもいいでしょう。

アブダクションは「ある現象の内に潜む仮説理論を引き出して提示すること」によって、推論を進めていく思考方法とも言えます。

論理的推論では「帰納法」と「演繹法」がよく知られますが、パースは、帰納も演繹もそれ自体ではなんら新しい観念を生み出すことはできないと言い、科学の諸観念はすべてアブダクションによってもたらされると喝破しました。

「演繹」は、一般的で普遍的な事実を前提として、そこから結論を導き出す推論です。以下の三段論法の例がよく知られていますね。

［大前提］すべての人間は死すべきものである
［小前提］ソクラテスは人間である
［結論］ゆえにソクラテスは死すべきものである

大前提→小前提→結論と一つずつ筋道を立てて論理を進めるため、導かれた結論は説得力のあるものになります。一方で、大前提が間違っていれば結論もおかしなことになります。

試しに、「人間は死すべきものである」を「人間は欲深いものである」に変えてみるとどうでしょう。ソクラテスは人間である。ゆえにソクラテスは欲深い……？　「飢えたソクラテス」はどこにいってしまったのか。

大前提に誤謬を含んでいると、修正されることなくそのまま不安定な結論が導き出されてしまいます。レッテルとか色眼鏡というのは、だいたいこの論法でつくられるものです。

演繹は、「ある仮説や理論が与えられてあるものとする」という前提からはじまり、前提の中にすでに含まれている以上のことを結論として導き出すことはできません。科学や数学といった公理が明示されうる推論には強力な推進力を発揮しますし、ビジネスの現場でも議論や説得の場面で多く導入される方法ですが、「前提」自体が動いていく環境においては、一歩間違うと皆で道を誤る危険もはらんでいます。

帰納は、さまざまな事実や事例から導き出される傾向を一般化して結論につなげる推論です。「このクマは鮭を食べている、あのクマも鮭を食べている」と観察していき、「クマは鮭を食べるもの」という仮説を導くものです。
すべてのクマを観察できるわけではないので、確率論的な結論にはなりますが、ある程度の確度を持って仮説を導く方法としてさまざまな場面で生かされています。最近のＡＩで進化が目覚ましいディープラーニング（機械学習）は、帰納法的なアプローチが成功している例といえるでしょう。

観察データにもとづいて一般化を行う推論が帰納だとすると、アブダクションは観察データを説明するための仮説を形成する推論です。「あの見知らぬ動物は鮭を食べている。クマは鮭を食べる。もしかして、あの動物はクマの仲間では？」と、新たなアイデアを導くものです。

帰納は「正当化のための文脈」（the context of justification）で機能しますが、アブダクションは「発見の文脈」（the context of discovery）でこそその力を発揮します。

アブダクティブな推論には創造的な想像力が働く余地があります。「人は諸現象を愚かにじろじろみつめることもできる。しかし想像力の働かないところでは、それらの現象はけっして合理的な仕方で互いに関連づけられることはない」とパースは言います。アルベルト・アインシュタイン（1879-1955）は「経験をいくら集めても理論は生まれない」と言いました。

観察された現象や経験値にあるものを、いかに結びつけ、想像力を働かせ、まだ見ぬものを想定できるか。アブダクションは、こうした「飛躍」（leap, jump）がおこる推論です。

その裏では、ダイナミックに対角線を引き関係を発見していくアナロジカル・シンキングが動かないとなりません。

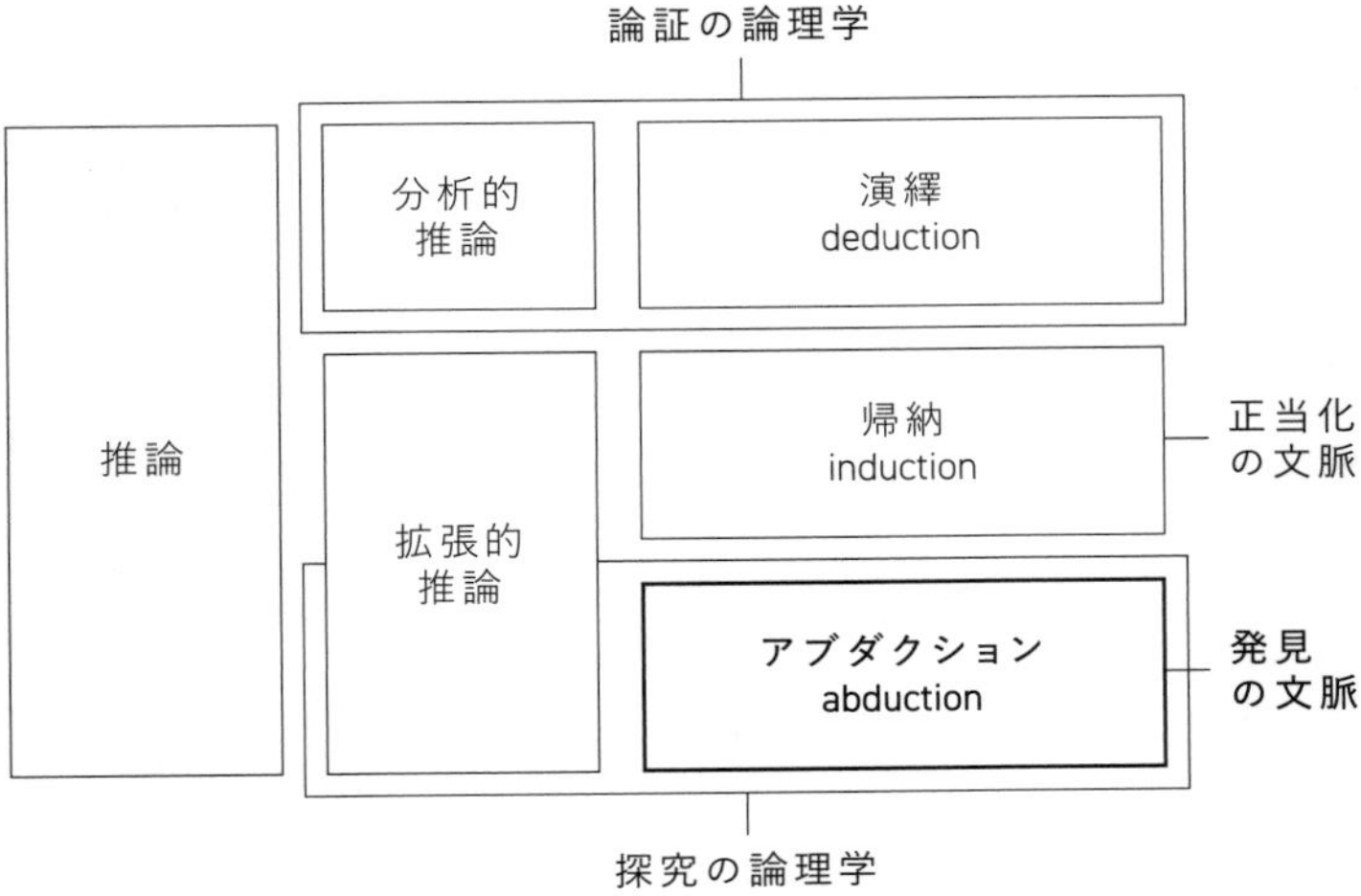

「探究の論理学」としてのアブダクション

「アブダクション」の推論形式　〜まず「驚く」べし

アブダクションはどうすれば動き出すのでしょうか？　アブダクションの構造を見てみましょう。何かに「驚く」ことが、アブダクションのスタート地点です。パースはこのような公式をつくりました。

1. 〈驚くべき事実C〉が観察される。
2. しかし〈説明仮説H〉が真であれば、〈C〉は当然の事柄であろう。
3. よって、〈H〉が真であると考えるべき理由がある。

少々ややこしいので簡単に言えば、こういうことです。

1. 「おや？」と思う。（→〈驚くべき事実C〉）
2. 〈説明仮説H〉だと考えれば、〈C〉もうなずける。
3. そうか、〈H〉ということか。

パースはこんな例で説明します。

ある内陸地で魚の化石がたくさん発見されました……

1．〈驚きべき事実C〉：おや？　なんでこんなところに魚の化石が？

2．〈説明仮説H〉：この一帯の陸地はかつて海だったと考えれば、魚の化石があるのもうなずける。

3．そうか、このあたりは昔は海だったのか。

このようにアブダクションは、いま見えていないものをも想像させる推論です。このことをパースは「創造的想像力による推測の飛躍」と言っています。ある現象の背景にある大いなる法則を導き出す可能性を、アブダクションは秘めています。

ミニ演習05

▼身の回りの〈驚くべき事実C〉を見つけてください。そこから〈説明仮説H〉を導いてみましょう。

たとえば朝外に出て、「おや？　なんで地面が濡れてるんだ？〈驚くべき事実C〉」「そうか、夜のうちに雨が降ったのか〈説明仮説H〉」と思う。これも立派なアブダクションです。

「科学の諸観念はすべてアブダクションによってもたらされる」というパースの言葉を前述しましたが、大きなパラダイム・シフトであるほど、このアブダクションが果たした役割が大きいと言えるでしょう。

たとえばニュートンは、「なぜいつも林檎は真下に落ちるのか？」という疑問から、「万有引力の法則」を導きました。

落ちる林檎を〈驚くべき事実C〉と認識したところから、ニュートンの探究は始まります。「引力」という〈説明仮説H〉を持ち込めば、林檎が落ちるのも、樹の葉が落ちるのも、すべて説明がつく。そしてニュートンは、地上の物体間においてだけでなく、同じ「引力」が天体間にも働いていると考えて、地上と天上の運動を統一的に説明しうる万有引力の原理を確立しました。

地上界と天上界の物体の運動はまったく違う性質のものと考えられていた当時において

は、はなはだクレイジーな仮説に映ったことと思いますが、この発見が後の科学を大きく進展させたことは周知の通りです。強力なアナロジーの力がもたらした、創造的飛躍(leap)を伴うパラダイム・シフトでした。

創造的「あてずっぽう」を飼いならす

落ちる林檎への驚きと疑問がなければ、ニュートンの探究は始まりません。自然界や目の前の現象に眼を凝らす中で、こうした閃きのような示唆を得るために、探偵のような洞察力で、小さな異変や兆しや違和感をキャッチするところから、アブダクションは起動します。

アブダクションは「閃き」「直観」「洞察」の示唆的な段階を経て、そこで列挙された仮説からもっとも適切な仮説を選ぶ熟慮的な推論の段階にいたります。では閃きや直観のようなものは、どう導かれるのでしょうか。それは、自然に適応するために人間に備わっている本能的能力なのだと、パースは言います。

生まれたばかりのヒヨコが、地面に落ちている石を避けながら木の実だけをついばむことができるように、人間にも適切な問題意識と仮説を選び出す生得的本能があるのだ、と言っているのです。ただしそれは、真理を探究しようとするものにだけ働く本能である、とも。

現象の内側に潜む可能性を、自分の内側に潜む可能性（本能的能力）を触発して引き出していく。それらの出会い頭の閃きは、はたから見れば「あてずっぽう」にも見えるでしょうが、徐々に仮説が姿を現すうちにその仮説の出来・不出来が選別されていきます。

後半の熟慮的な推論段階では、どんな基準で仮説を選び抜いたらいいのでしょうか？パースは「出来のいい仮説」にある四つの条件をあげています。

1. もっともらしさ（plausibility）：最も理にかなった説明を与えるものであること
2. 検証可能性（verifiability）：実験的に検証可能であること
3. 取り扱い単純性（simplicity）：より単純な仮説であること
4. 思考の経済性（economy）：時間やエネルギーが節約できるものであること

出来のいい仮説というのは、しっくりくるようなフィット感があり（1.）、定性的・定量的に検証可能な特徴を備えていて（2.）、だれにもピンとくる程度にシンプルで（3.）、思考も時間もお金も最小限のエネルギーで検証できるもの（4.）ということです。

編集工学研究所のアブダクティブ・アプローチからの実感値をここに加えれば、いい仮説は「他の疑問への回答にもなりうる」つまり「一度に複数の突破口をあけうる」可能性を持っているものです。

真にアブダクティブな示唆というのは、コスパがいいものなのです。

探究と創造のプロセスには、その立ち上がりに「アブダクション」があるべきだ、というの

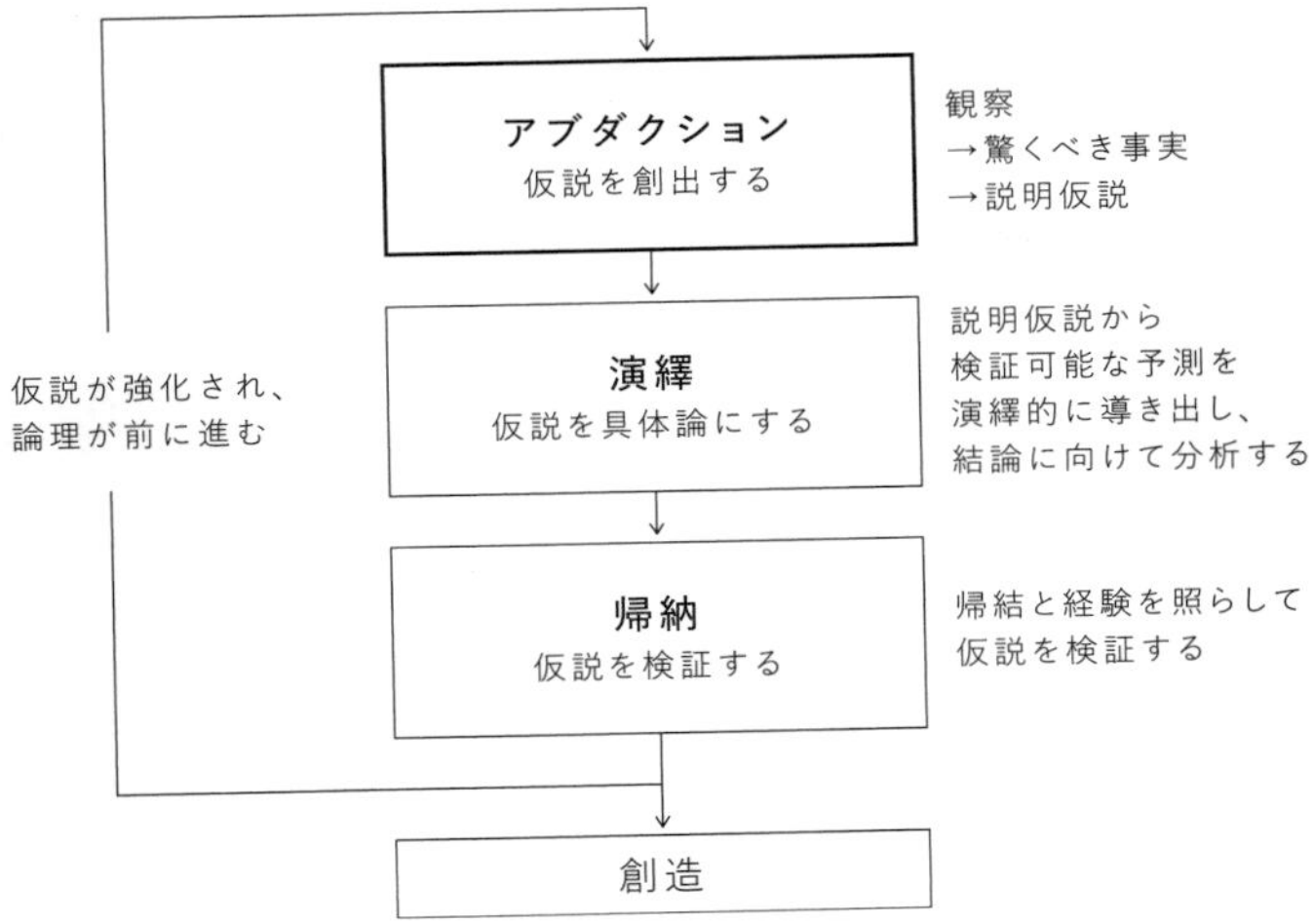

アブダクション
仮説を創出する
観察
→驚くべき事実
→説明仮説
演繹
仮説を具体論にする
説明仮説から
検証可能な予測を
演繹的に導き出し、
結論に向けて分析する
帰納
仮説を検証する
帰結と経験を照らして
仮説を検証する
仮説が強化され、
論理が前に進む
創造

探究・創造のプロセス

がパースの主張でした。あとは、演繹と帰納を組み合わせて、幾度もアブダクション・サイクルをまわしていきます。

アナロジカル・シンキングで触れた「ＢＰＴモデル」（↓p．６４）が動いている状態です。

何かがゆきづまっている時、ブレイクスルーが必要な時には特に、「演繹」と「帰納」だけに終始してもなかなか緒が見えてはきません。そればかりか、そこに固執することで望ましくないフレームやスキーマがより一層に強化されていってしまう、ということも起こりえます。

どこかよくない方向に向かっていると思ったら、アブダクションをきっかけとした探究と創造のプロセスに思い切って入っていくことをおすすめします。

アブダクションを阻むもの

一度起動してしまえば力強く進路を進むアブダクションも、その立ち上がりを阻む環境があります。パースは特に、科学的な知識の進歩を妨げる「有害思想」として、以下の四つをあげました。1898年のパースの連続講演を再構成した『連続性の哲学』（パース 岩波文庫 2001年）から、要約編集して紹介します。

「われわれの知識に襲いかかる有害な四つの形態」

・過大な自信に満ちた断言
・絶対に知り得ないことがあるという主張
・科学的要素は究極的であり、他の説明は寄せ付けないという態度
・法則や真理は変わりようがないという思い込み

パースは、「決めつける」ことと知識を動かないものとして閉じ込めることをなにより嫌いました。そして「哲学の都のあらゆる通りの壁に刻印されていなければならない命題」として、次の一文を掲げます。

探究の途を塞いではならない。

何ものもアブダクションを邪魔するなかれ、という宣言です。このパースの主張に倣い、

編集工学研究所のアブダクティブ・アプローチでも、多くの組織に潜在する以下のような「主義」をなるべく早めに脇にどけるよう、あるいはそういったものから逸れていられる脇道を用意するように努めます。

・常識、思い込み、前例主義
↓固定観念が「驚くべき事実」を取り逃がします
・正解追求主義
↓試行錯誤を許容しないと思い切った仮説は出ません
・整合性至上主義
↓目に見える整合性だけを追求すると背後にある大いなる法則が沈んでいきます

アブダクションは「目に見えない」ものやほのかな兆しを扱うプロセスなので、決して頑強な道筋ではありません。こうした「主義」が邪魔をしない安全な環境を用意することも、アブダクティブ・アプローチの大切な一部です。

もうひとつ重要なことは、アブダクティブな示唆や仮説の形成は必ずしも、「頭の中」

だけで処理されるものではないということです。わたしたちの発想や洞察や発見といったものは、相当な部分が環境との相互作用の中で生み出されます。すべてを自分でコントロールしていると思い込むのはおこがましい。編集力の半分は、環境との関係の中で「思わず知らず」に引き出されていくものなのです。

次の節では、「アナロジカル・シンキング」と「アブダクティブ・アプローチ」の翼に風を送る、「アフォーダンスの編集力」を見ていきましょう。

アプローチ
06

文脈に導かれる
いい塩梅を捉える「アフォーダンス」

「アフォーダンス」という可能性

ある晴れた日、家族で山歩きにでかけたとします。しばらく山道を歩いてお昼時になろうかという頃、気持ちよく開けた見晴らしのいい場所に出ました。そこには、ちょうど大人の腰くらいの高さの大きな岩が横たわっています。

お父さんは「ここで一休みしよう」と岩に腰かけました。お母さんはお弁当を出して岩の表面の平らなところに並べます。子供は岩によじ登っては飛び降りて遊び始めました。犬はここぞとばかりに片足をあげて岩におしっこをひっかけ、その脇ではアリが数匹岩肌を登っていきます。

さて、この一つの大きな岩が、同時にたくさんの役割を担っていることに気がつくでしょうか。

お父さんにとっては岩は椅子です。お母さんにはお昼ごはんを広げるテーブル、子供にはちょっとスリリングな遊具、犬にはマーキングの対象で、アリにしてみたら餌を探しに行く通り道でしょう。

同じ岩でも、行為する主体によって引き出される「意味」がさまざまに変わります。この環境の側にあって行為を通して発見される「意味」を、アメリカ人の心理学者ジェームズ・ギブソン（1904-1979）は「アフォーダンス」と名付けました。「affordance（アフォーダンス）」は、「afford（与える）」を名詞化したギブソンの造語で、「環境が動物に与え、提供している意味や価値」のことです。

先程の岩は、一休みしたいお父さんには「座る」ことをアフォードし、お弁当を広げたいお母さんには「置く」ことをアフォードしている。あるいは、その岩には「座る」や「置く」というアフォーダンスがある、といった言い方をします。遊びたい子供には「よじ登る」、犬には「おしっこをひっかける」、アリには「移動する」アフォーダンスが、

「ちょうど大人の腰くらいの高さの大きな岩」に潜んでいるのです。

自然界だけでなく、わたしたちを取り囲むあらゆるものにアフォーダンスがあります。ボールペンには「握る」というアフォーダンスがあり、電気のスイッチには「押す」というアフォーダンスがある。ティッシュは「引き出す」ことをアフォードし、ティーカップの取っ手は「摘《つま》む」ことをアフォードします。

わたしたちは常にアフォーダンスに囲まれていて、あらゆるもののアフォーダンスを使いながら、知覚したり認識したり動作したりしているわけです。

すべては脳のなせる技なのか？

近代以降の伝統的な知覚のモデルでは、「意味」というものは人間の頭の中で完全に処理されているとされてきました。視覚、聴覚、触覚等の感覚器からの入力情報を脳が処理をして「意味」にすると考えられてきたのです。

その見方のルーツは17世紀の哲学者ルネ・デカルト（1596－1650）にあります。

「我思う故に我あり」で知られるデカルトは、精神と身体を異なる実体として捉える「心身二元論」を説きました。客観的な「事実」の世界と人間が生きる「価値」の世界を明確に分離したのです。現代の医学やテクノロジーは、このデカルト以降の二元論を基軸にした西洋的世界観を規範としています。知性を身体や環境から切り離し、知識や論理の力で自然を含む世界を認識しコントロールしようという見方です。

感覚器官からの「入力（刺激）」を「中枢（脳）」で処理し、身体に司令を出すことで「出力（行為）」をしている、という機械論的な見方によって、科学や医療やテクノロジーがここまでの進歩を遂げてきました。一方で、前述の人工知能がぶち当たっている「フレーム問題」の壁は、こうしたデカルト的世界観の限界を示しているとも言えます。

ギブソンは、早い時期から、こうした伝統的な知覚と認識のモデルに決定的な欠陥があることに気づいていました。

生き物が環境から感覚器を通して受け取るのは「意味」を持たない刺激であって、脳という中枢や心というセンサーでなんらかの意味に変換しているとすれば、わたしたちは「間接的」にしか「意味」に触れられないということになります。これを、ギブソンは間違っていると言いました。

すべてを脳の深遠な活動のせいにしてしまうこの伝統的な「刺激＋中枢」モデルでは、生き物とそれを取り囲む環境の関係は説明しきれない。

脳がすべてを「意味」や「価値」に変換しているのではなく、そもそも環境の中に「意味」が潜んでいる、それを動物は利用している。ギブソンはそう考えました。


「生き物の内部では何が起こっているのか」という問題から議論をはじめるのではなく、まず「環境と生き物が出会うところで何が起こっているのか」ということから検討すべきではないか。世界はそもそも「意味」に満ちていて、知覚とはそれを探し出す活動である、と考えたのです。

世界からの刺激を処理して中枢が「意味」をつくると考える「情報処理」理論に対して、ギブソンは世界にある意味をそのまま利用する知覚モデルとして「情報ピックアップ（抽出）」理論を提唱しました。

ミニ演習06

▼「鉛筆」にはどんなアフォーダンスがありますか？　「握る」「書く」以外にも「鉛筆で思わずしてしまうこと」がありませんか？　授業中を思い出してみるといい

でしょう。

大きな岩を見かけて、お父さんが腰掛けるのも、お母さんがお弁当を置くのも、子供がよじ登るのも、そこには行為する主体（この家族）と環境（岩）の間に、出会い頭の「意味」が生じているからです。休みたい、お弁当を出したい、遊びたい、片足上げてマーキングしたい、という主体の探索センサーと、岩が提供する行為への可能性が出会うことによってピックアップされる「意味」です。

わたしたちの行為というものは、単なる反射のような固定化されたものではないし、だからといってやたらめったらに試しているわけでもない。当然ながら、はじめから筋書きやマニュアルがあるわけでもない。環境の中に発見されるまでは現れてこない、行為のみに宿る創造性というものがあるのです。

ギブソンの「生態心理学」（エコロジカル・サイコロジー）

「知覚を可能にしているのは何か」、言い換えれば「生き物はどうやって世界を把握しているのか」というものが、ギブソンが生涯をかけて追った問いでした。

プリンストン大学の哲学科で心理学を学んだギブソンは、ドイツの心理学界を本家とする「ゲシュタルト心理学」に出会います。

同じ文字をずっと見続けていると「あれ、こんな字あったっけ？」という感覚に陥る「ゲシュタルト崩壊」と呼ばれる現象がありますが、そのゲシュタルトです。人間の知覚は個別の感覚の総合からなるのではなく、全体的な枠組みであるゲシュタルトのもとに成立している。線の集まりが文字として認識されるのも、複数の音の連続がメロディーとして聞こえるのも、ゲシュタルトによるものです。

ゲシュタルト心理学は、「知覚の原因となっているものは、感覚器官への刺激だけではない」として近代以降の伝統的な知覚研究に異を唱えました。ギブソンはこのゲシュタルト心理学をベースにし、さらなる知覚の謎に迫るために「刺激」の単位を広げていきます。その大きなきっかけとなったのが、第二次世界大戦中に参加した空軍の知覚研究プロジェクトでした。

このプロジェクトでギブソンは、計器に頼らず自らの知覚だけでアクロバット飛行のような高度な操縦をするパイロットたちの能力に出会います。パイロットの実地訓練におけるパフォーマンスは、眼の生理的機能や空間把握力を試すテストからは予測ができないものでした。つまり、知覚におけるパイロットのパフォーマンスだけでは、訓練で行われていることの説明がつかないのです。そこでギブソンは、知覚の原因としてパイロットの目前にあらわれる「地面」に注目します。その面には「キメ（テクスチャー）」があり、このキメのパターンによって、距離や奥行きを感知しているというふうに考えました。

そして、視覚の秘密を解くには、この面と面の関係としてのレイアウト（配置）が重要だというアイデアにいきつきます。遠近感や奥行きの認識は、単一の面からは起こり得ず、面同士の関係の中で生じてくる。

加えて、知覚にとってもうひとつ重要なのは、「形」そのものよりも、形が動くことによって起こる「変形」のほうではないか、という発見にいたります。たとえば、くもりガラスの向こうに写った人影が、静止していると誰かわからなくても動いたとたんに「あ、あの人か」とわかる、ということがありますね。

パイロットは、こうした面の「関係」（レイアウト）や動きによる「変化」を捉えることによって、高度な知覚と判断を行っているのだという考えにいたります。

ギブソンは、生き物が知覚している要素には、物質（個体物）、媒質（空気）、面（地面やものの表面）、レイアウト（それらの配置）、出来事（動き）があり、「アフォーダンスとはこれらリアルなことの不変な組み合わせである」と言います。こうした環境が持続したり変化したりすることの中に、アフォーダンスは無限に潜んでいるとしました。

そして、アフォーダンスは誰もが利用できる可能性として環境の中に潜在している。つまり「公共的」であるとギブソンは言います。

伝統的な知覚論は「意味」はいたってプライベートなもので、知覚者に「私有」されていると考えられてきました。これをギブソンは、どんな生き物にもアクセス可能な公共的な「リソース」と捉え直したのです。

そして、生き物によって、人によって、異なるアフォーダンスが知覚される。だから、環境の中のすべてのものに、アフォーダンスは「無限」に存在し、行為を通して発見されていく。知覚とはつまり、「変化」に埋め込まれている「不変」を知ることなのだと言います。

このアフォーダンス理論は、「生態心理学（エコロジカル・サイコロジー）」と呼ばれる、まったく新しいアプローチの心理学へと発展しました。

環世界とアフォーダンス

ギブソンが言うように、どんな生き物にも「まわり」があり、その「まわり」から意味を拾い出しながら行為し、行為によってまた「まわり」に意味を与えています。

わたしたちは、その「まわり」にある環境と、行為主体・知覚主体としての感覚の間にあるインターフェイスを通して、世界を認識しています。

では、「まわり」にある環境はひとつなのでしょうか？　わたしが見ている世界とアリが見ている世界は、はたして同じ世界といえるのでしょうか？

ドイツの動物行動学者フォン・ユクスキュル（1864-1944）は、すべての生き物に均一の環境が存在するのではなく、個々の生き物が主体的に捉え構築した独自の世界としての環境が無数にある、と考えました。

ユクスキュルはそうした世界を「環世界」（Umwelt ウムヴェルト）と名付けました。「Um（ウム）」は「まわりの」、「welt（ヴェルト）」は「世界」のことです。それぞれの生き物のまわりに立ち現れる固有の世界があるということです。そもそも「一般的で客観的な環境」というようなものは存在せず、それぞれの生き物が主体としてまわりの事物に意味を見出

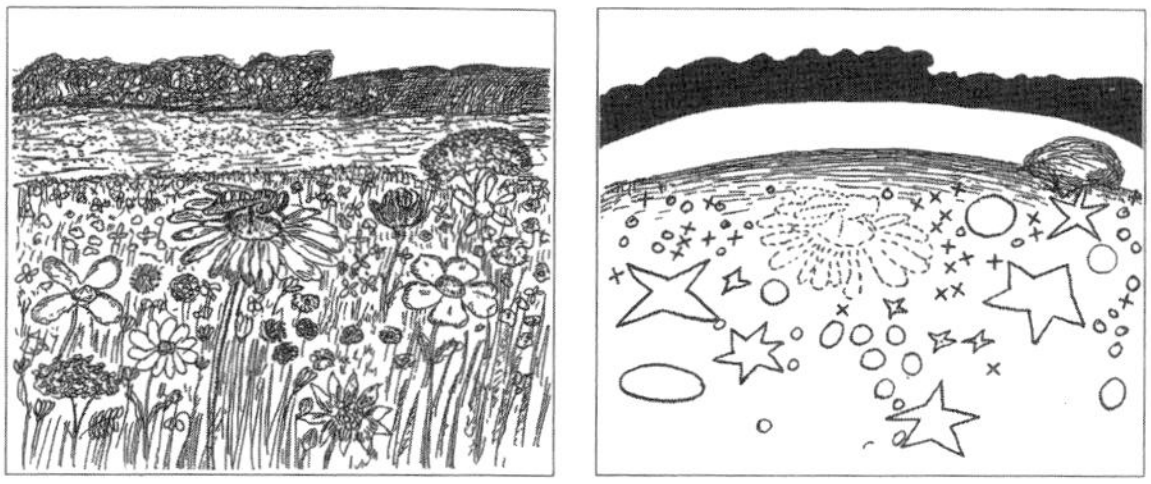

① ミツバチがいる環境（左）とミツバチの環世界（右）
（ユクスキュル／クリサート『生物から見た世界』岩波文庫2005年）

人間にとっての部屋　イヌにとっての部屋　ハエにとっての部屋

② 人間・イヌ・ハエの環世界
（ユクスキュル／クリサート『生物から見た世界』岩波文庫2005年）

し、各々の知覚と作用によって自分たちの環世界を構築しているという見方です。蝶なら蝶の、ハエならハエの、犬なら犬の、それぞれ違う知覚世界（Merkwelt）と作用世界（Wirkwelt）がある。それらが連れ立って完結する全体像として、ユクスキュルはこの「環世界」（Umwelt）という世界の見方を提案しました。

p．109の図は『生物から見た世界』（ユクスキュル／クリサート　岩波文庫　2005年）に収録されている挿絵です。

①は、ミツバチがいる環境（左）とミツバチにとっての環世界（右）の対比です。ミツバチは十字形や星型に開いて見える花だけに意味を見出します。葉や茎や蕾は意味のあるものとして見えていません。

②は、同じ部屋における、人間・イヌ・ハエのそれぞれの環世界を描いたものです。ユクスキュルは、ギブソンの「アフォーダンス」に似た概念を「トーン」と呼び、動物それぞれの行為を引き出す「作用トーン」があると見ました。人間にとっての部屋では、椅子類には座席のトーン、食器類には食事のトーン、床には歩行のトーン、本棚は読書のトーン、といったようなトーンがあり、イヌにとっての部屋では、食事や座席のトーンをのぞ

いて、ほかはすべて障害物のトーンになる。ハエにとっては、電灯とテーブルの上のものをのぞいてすべてが歩行のトーンしか持っていません。

このように、動物はみな同じ世界を見ているわけではなく、それぞれが主体的に世界像を構築しているとユクスキュルは考えました。

娘が3歳になったばかりの頃、この「環世界」をふと実感した小さな出来事がありました。ある日家族でドライブにでかけ、山間の道沿いで駐車場にクルマを停めて、トイレに向かおうとしていた時のことです。

娘が立ち止まって動かないので「ほら、おトイレにいくよ」と声をかけると、何やら嬉しそうに地面を見つめてぶつぶつ言っています。どうしたのかと尋ねると、「あめさん、おえかきおじょうずね」と地面を指差して、わたしにも見るように促しました。

「どれ？」と目を凝らすも、絵が描いてあるような跡はありません。（あめさん？）（おえかき？）と思いながら娘を見ると、前方に見える富士山と地面を、手を叩きながら交互に見ています。

よく見れば、木々の間から降った雨が地面を濡らし、目前の富士山ととてもよく似たなだらかな三角形をつくっていました。そのまわりには、背後の標識から落ちる影が、ちょうど額縁のように四角い輪郭を描き出しています。

次の瞬間、地面のキャンバスに描かれた悠々とした富士山の水墨山水が目前に現れました。「そうか、〝雨さん〟が描いたのか」、やっとわかったわたしは、娘の隣にしゃがんで、その見事な自然の筆使いにしばらく見入りました。

娘には、世界がこんなふうに見えているのか。手を叩いて「雨さん」を称賛する娘を見ながら、ユクスキュルの「環世界」を思い出していました。「世界は意味に溢れているのだなぁ」という畏怖の念にも似た思いが、山の上の澄んだ空気と一緒に胸に流れ込んできました。

この時、トイレを探す私には濡れた駐車場の地面は「雨が降ったのか」くらいの情報でしかなく、娘には、駐車場にあるトイレのマークも「止まれ」の標識も風景の一部にすぎません。

ユクスキュルが示してくれたような、生物の種別ごとの環世界のみならず、同じ人間でも、親子でも、みな異なる環世界で生きている。何かのきっかけで別の環世界への回転扉がくるりと開くと、そこにある景色が一気に変わって見えるのです。

同じことが、学校や会社の中でも、国と国の間でも、地球と人間の間でも、あらゆるところで起こっているのだと思います。

わたしたちは日頃、いま自分から見えている風景こそがリアルな世界であると認識しています。それによって余計な混乱を上手に避けて生きているわけですし、そうした特性は世界の複雑さに引きずり込まれないようにするための、生き物の認知的防御機能のひとつかもしれません。

けれどその見方が固定化して動かなくなると、本来は感じる必要のない窮屈さにとらわれてしまうこともあります。スマホ越しに「自分好みの情報」を大量に摂取できる現代は、個々人の擬似的な環世界が強固になりすぎてしまうという、まだ人類が経験したことのない認知の危機にさらされている時代かもしれません。


ギブソンやユクスキュルの視点を借りてみれば、わたしたちを囲む世界は、文脈に応じて柔らかく形を変え、相互に意味を織りなし、幾重にも重なり合っているものです。少し視点をずらしてみれば、今見えている世界とはまったく違う世界がそこに存在することに気がつきます。

岩をジャンプ台に見立てる子供の環世界と、岩肌を移動するアリの環世界は、まったく別物の世界でありながら、事実としてすぐとなりに同時に存在しています。

わたしたちは結局、いつまでたってもどこまでいっても、世界を知り尽くすことはできません。動きや変化の中にしか立ち上がってこない「意味」や、同時には認識できないパラレルな世界がそこらじゅうにある。

ユクスキュルは『生物から見た世界』の最後で、さまざまな分野の研究者における環世界を引き合いに出した後、こう結んでいます。

自然研究者のさまざまな環世界で自然が客体として果たしている役割は、きわめて矛盾に満ちている。それらの客観的な特性をまとめてみようとしたら、生まれるのは混沌ばかりだろう。とはいえこの多様な環世界はすべて、あらゆる環世界に対して永遠に閉ざされたままのある一つのものによって育まれ、支えられている。そのあるものによって生み出されたその世界すべての背後に、永遠に認識されえないままに隠されているのは、自然という主体なのである。

いま地球全体が「他者への想像力」に飢えているように見えます。けれど一方で、知り得ないところにこそ宿る世界の豊かさを、わたしたちはイマジネーションで感じることも

できます。アフォーダンスという見方や環世界という捉え方は、わたしたちを取り囲む豊穣な世界の別様の姿を垣間見せてくれる、ＶＲメガネのような役割を果たしてくれるものでもあります。

編集力のコアエンジン「３Ａ」

関係発見の原動力となる「アナロジー」、思い切った仮説にジャンプする「アブダクション」、世界と自分の関係を柔らかく捉え直す「アフォーダンス」、これらを編集工学では「３Ａ《スリーエー》」と呼んで非常に重視しています。この３つの「Ａ」が連鎖し触発しあうことで、編集力はどんどん動いていきます。

突然の閃きや事態を急展開させるアイデア、湧き出る好奇心や壁を突破する探究力。そうしたイマジネーションやクリエイティビティは、限られた人に授かったギフトであるかのように思われがちです。

そうではないのです。すべてわたしたちの中に潜んでいて、あるいは世界の中にすでに意味として潜在していて、発見されるのを待っているのです。誰であれ、どこであれ、例外なく、です。

ただ、その原始の力ともいうべき人間の想像力が、さまざまな社会的文脈の中で蓋をされてしまっているとも言えるかもしれません。

3Aは、そのような蓋をコトリとずらし、わたしたちを縛っている〝常識〟や〝前提〟から一足飛びに出るための、望遠鏡やジャンプ台やはしごやロープになるものです。

そして、この3Aが編集的思考の心臓部です。アナロジー、アブダクション、アフォーダンスの技能と世界観がポンプとなって、勢いよく想像力を駆動し、隅々の繊細な創造性を動かしていきます。

アプローチ
07

原型をたどる
前提ごと問い直す「そもそも思考」

「アンラーニング」という難問

You must unlearn what you have learned.

「スター・ウォーズ エピソード5 帝国の逆襲」の一場面。フォースの修行中に「そんなことできるはずない」と嘆くルークに対して、ヨーダが囁いたセリフです。「ラーン（学ぶ）」したことを「アンラーン」せよ。字幕には「固定観念は捨てろ」とありました。一度学んでしまったことを忘れよとは、なんと難しい。

最近さまざまな場面で、この「アンラーニング」の必要性が説かれています。思い込みは、しばしば学びの邪魔者になります。前時代的な価値観や方法論を乗り越えなければ生き残れない、という切実な問題意識を背景にしていることもあります。いずれにしても、時代の転換点にさしかかっているという意識が、多くの人に芽生え始めているということなのでしょう。

「フレーム」や「スキーマ」に関する話の中で、「いま置かれている認識のフレームを自在に飛び移ることで、自分を縛っている『固定観念』を外側から眺めることができるようになる」と書きました（↓p．58）。「アンラーニング」とは、自らが構築した「フレーム」を脱して新たな世界像を再構築する、ということだとも言えます。

紀元前500年頃、このアンラーニングが人類レベルで一斉に起こったような時代がありました。中国の諸子百家、インドの仏陀、イランのゾロアスター、ギリシアのソクラテスやプラトンなどの錚々たる知性が地球上に一斉に登場し、後の人類の精神を形作っていく哲学や宗教の源が世界各地で花開いた時代です。哲学者のカール・ヤスパース（1883－1969）が「枢軸時代」と呼んだ人類史の転換期で、一人ひとりの人間がいかに生きるべきか、という問題に世界が揃って向かっていった覚醒の時代でした。

現代のわたしたちにとっては、人間として「個々の自己」を考えるのは当然のことですが、それ以前の歴史では、宗教や思想というのは王や皇帝のためにあるものでした。神話的な認識から人間自身を認識するという精神の転換が、ユーラシア大陸を中心とした広範囲で一斉に起こった文明史における一大エポックです。


なぜこのような同時多発的な覚醒が人類レベルで起こったのかということについては、ヤスパースの見解を含めてさまざまな仮説があります。小国家・小都市の群立による闘争の激化や分裂に対する疑義、急速で広範囲の繁栄とともに訪れる変化に対する葛藤、あるいは文字や貨幣の出現によって希薄になった神々との関係、などなど。

いまだこの仮説をめぐる議論は断続的に続いているようですが、理由を何に求めるにしても、歴史をこのような視点で束ねて後々の人類の思索のすべての根源として示したこと自体に意義がありました。ヤスパースは、東洋と西洋の知性の根源を「枢軸時代」というコンセプトで束ねることによって、キリスト教に基礎を置く西洋中心的な歴史観をアンラーンさせようとしたのでした。

この「枢軸時代」の巨人たちに共通するアプローチを「自己否定」で読み解いた『空の思想史　原始仏教から日本近代へ』（立川武蔵　講談社学術文庫　2003年）という本がありま す。仏教における「空《くう》」の思想はこの「自己否定」の流れの中で生まれたとして、「空」の変容を通して各時代を一気通貫で語った一冊です。

「空ずる」先の「まなびほぐし」

「空」は「void」であり、「何もない」「からっぽ」です。もともとはサンスクリット語「シューニヤ（śūnya）」の訳語で、中味がなく、さらに中味を入れていた容器もない、という「まったき無」を指しています。本書によれば、「空」は単なる状態ではなく、行為によって現れるものだと言います。

空の思想は何ものも存在しないというのみではなくて、否定の結果として何ものかがよみがえるということを主張しようとしている。この否定の後に続く肯定が空思想の求めるものであり、さらにこの否定に続く肯定が空思想の実践の内容にかかわるので

――ある。

「ない」ことや「ない状態にする」ことそのものを目指すのではなくて、空じていくことでその後に立ち上がってくるものをつかもうとする思想。ヨーダの言う「アンラーン」を、この「空ずる」という行為に重ねてみると、ピンとくるものがあります。

哲学者の鶴見俊輔さん（1922-2015）は、「アンラーン」を「まなびほぐし」と訳しました。十数年前に朝日新聞で見かけた鶴見俊輔さんの「アンラーン」に関する文章がとても印象深く、心の片隅にずっと残ったままの言葉として、折に触れて反芻するものです。

戦前、私はニューヨークでヘレン・ケラーに会った。私が大学生であると知ると、『私は大学でたくさんのことをまなんだが、そのあとたくさん、まなびほぐさなければならなかった』といった。まなび（ラーン）、後にまなびほぐす（アンラーン）。『アンラーン』ということばは初めて聞いたが、意味はわかった。型通りにセーターを編み、ほどいて元の毛糸に戻して自分の体に合わせて編みなおすという情景が想像された。大学でまなぶ知識はむろん必要だ。しかし覚えただけでは役に立たない。それをまなびほぐしたものが血となり肉となる。
——2006年12月27日朝日新聞　朝刊——

鶴見俊輔さんのいう「アンラーニング／まなびほぐし」とは、身についてしまった固定観念から自由になる、ということだけではないようです。一度取り込んだ知識を、自分にしっくりくるように編み直す。捨てるのでも壊すのでも上書きするのでもなく、丹念にほどいてもう一度使う。その再利用の過程でおこる学びこそ、本来の学びなのだと理解しました。

人材開発や組織論の文脈では「アンラーニング」を「学習棄却」と呼ぶことも多いようですが、この言葉がどうにも好きになれません。「棄却」とは「あるものを捨てて以降問題にしない」ということです。人間が学び身につけたものは、そう簡単にリセットできるものではないし、安易に捨てるべきものでもないでしょう。どんな情報も知識も経験も、自分の内側に蓄積したものを一旦ほぐして次の学びの素材にすればいい。鶴見俊輔さんの「まなびほぐし」という訳語には、人間の想像力や知性への柔らかな信頼が感じられます。ほぐした後で編み上がるもの、空ずる後に現れるもの。そのプロセスでおこる学びの中で、未知なる才能はひらかれていくものだと思います。

ではどうすれば、「空ずる」ことや「まなびほぐす」ことに近づけるのでしょうか？

前提を疑うべし。「そもそも」思考の流儀

「アンラーニング／まなびほぐし」をおこしていくには、まず今いる場所、拠って立つ文脈、手持ちの知識を疑ってみる必要があります。自分が当然と思っていることは、本当に当然か。その「当たり前」は持ち続ける必要のある「当たり前」か。自らを客観視し「構え」を取り直すことが、最初の一歩になります。そして、自分自身の「フレーム」や「スキーマ」の乗り換え・持ち替え・着替えを起こすことです（↓p.48）。言い換えれば、自分の中にある知識の束やイメージの群れを、新たな目で捉え直して関係を発見し、結びつけたり編み直したりしていくプロセスです。

アナロジーやアブダクションは、そのための必須アイテムになります。ここでは、それら一連のプロセスの最初の一歩を起動するためのトリガーとして、「そもそも」を唱えるおまじないをご紹介します。「そもそも、それって？」と、いったんセットバックして、いまいる枠組みから一度出てみるのです。

「そもそも」に立ち返るアプローチとしては、大きく分けてふたつの方向性があります。「目線を上げる」方向と「足元を掘りさげる」方向です。

「目線を上げる」方向は、目的を捉え直す方向と言ってもいいでしょう。

イソップ童話の「三人のレンガ職人」の話を聞いたことがあるでしょうか。

超要約すると、こういう話です。旅人が歩いていると三人のレンガを積む人に会いました。何をしているのか聞くと、一人目はレンガを積んでいると言います。二人目は壁をつくっていると言い、三人目は大聖堂をつくっていると言いました。（詳しい物語を知りたい人は「三人のレンガ職人」で検索してみてください。）

同じ仕事でも捉え方によって意味が変わる、という教訓としてよく引き合いに出される話ですが、ここでは「手段」と「目的」の関係に着目したいと思います。三人目の職人からしてみれば、レンガを積むことは「素晴らしい大聖堂をつくる」という本来の目的のための手段にすぎません。それが一人目の職人にとっては、レンガを積むという作業自体が目的になっています。こうした「手段の目的化」問題は、いろいろなところで起きているはずです。

「この仕事はなんのためにやるのか？」「どうしてそう考えるのか？」といった問いを、何度か繰り返してみることで、目の前の手段と目的を捉え直すことができます。編集工学の見方で言えば、情報の「地を拡張する」と捉えることができます。仕事の文脈（「地」「分母」にあたるもの）を捉え直し、その意味を拡張していくアプローチです。

「そもそも、なんでレンガ積んでるんだっけ？」と考えながら、情報の「地」を「作業」から「目的」「意義」へと広げていき、一段ずつ階段を上がるように、目線を上げていくイメージです。

この手の話はともするとふわっとした精神論になりがちですが、これも情報の捉え方だと思

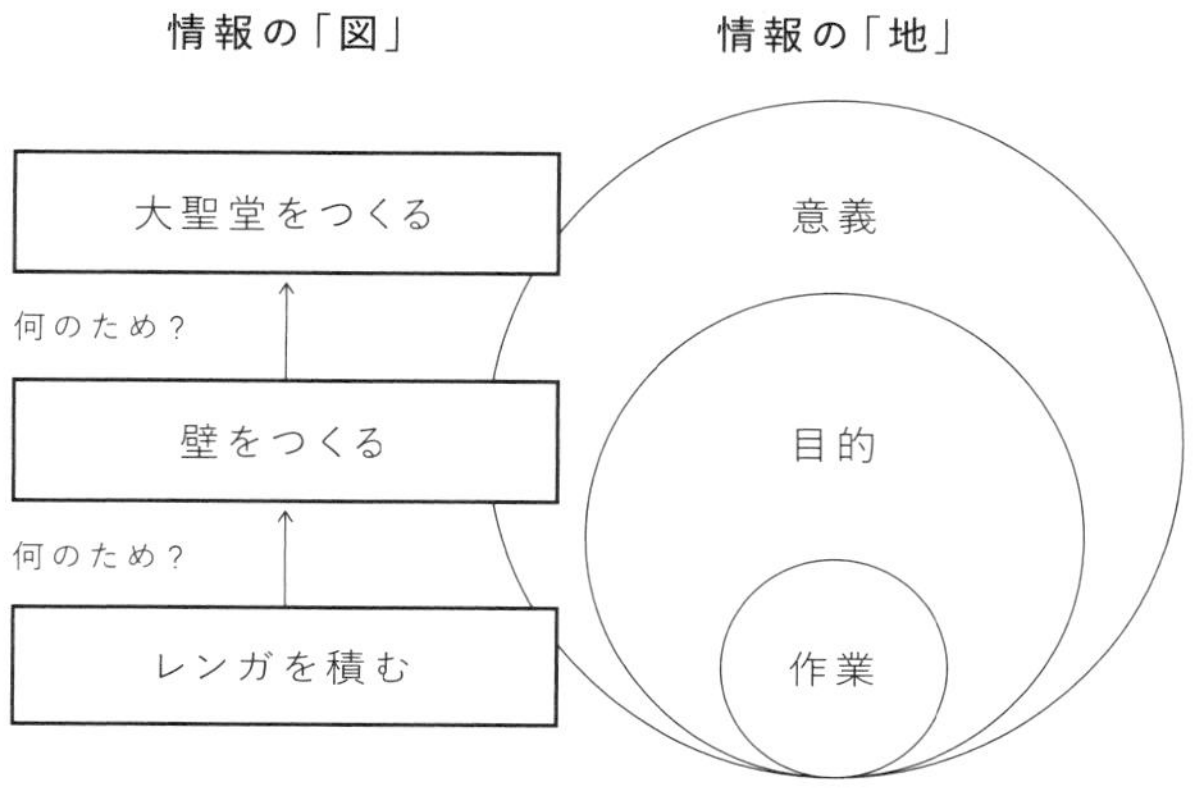

手段と目的の捉え直し

えば、方法として動かすことができるでしょう。

もう一方の「足元を掘り下げる」方向は、ルーツや原型を見に行く方法です。「そもそも、これって何だっけ？」「そもそも、どこから来たものなの？」「お金ってなに？」「働くってどういうこと？」、さまざまな「そもそも」をルーツに戻ることを通して捉え直していきます。

編集工学では、どちらかといえば、内省して「目線を上げる」ことよりも、歴史を訪ねて「足元を掘り下げる」方向に思考することを推奨します。前者は、どこまでいっても結局は自分に内在する価値観に寄ってしまうものです。うまくいけば本質的な視点に近づくこともありますが、大方の着地点は想定内のものになります。

多くの会社の企業理念がなんとなく似通ったものになってしまうのは、この「内省して目線を上げる」方法に終始しているからではないかと推測します。自社の理想を掲げるほどに他社との差別化から遠のいていくというジレンマは、理念策定の現場でデジャブのように見かける光景です。

足元を掘り下げ歴史の中にヒントを見出すことで、よりドラスティックな視点の転換や本質的な課題の発見が望めます。

なぜ、足元にヒントがあるのか。どんな事象や概念にも〝生い立ち〟があり、その〝生い立ち〟の背後には、長い時間を経てきた文化や風土があります。

それらをまるごと捉えることで、イメージを生きたままの状態で取り扱うことができます。糸を切られた凧が自分で風を受けられないように、大地から摘まれた花がやがて萎れていくように、足元にある文化や風土から切り離されたイメージは生き生きとした発動力を失っていきます。

ことの本質を捉える「略図的原型：3type」

そうした〝意味の生い立ち〟を捉える上では、原型を見る思考の型が有用です。編集工学には「略図的原型」と呼ばれる考え方があり、情報を多方面から一気に捉える方法としてよく用います。「略図的原型」には、「ステレオタイプ（典型）」「プロトタイプ（類型）」「アーキタイプ（原型）」の三種類の型があり、「3type」とも言います。先程の足元を掘り下げる観点は「アーキタイプ（原型）」にあたるもので、事の本質を見ていく上で、略図的原型の中でもとりわけ重視しています。

アンラーンすべき学びというのは、たいていの場合意識にのぼりにくかったり、言語化しにくかったりします。その曰く言い難い「印象」や「感じ」ごと捉える上でも、この「略図的原型」という見方が役に立ちます。

3つの違いを簡単にまとめると、以下のようなものになります。

ステレオタイプ（典型）：特定の何かや誰かに代表されるもの
プロトタイプ（類型）：一般的な概念によって示されるもの
アーキタイプ（原型）：文化や文脈の奥に秘められたもの

たとえば「カフェ」を説明する際に、「コーヒーが飲めるちょっと洒落たお店」というのは「プロトタイプ」的な説明です。「カフェとは何か」ということを説明する類概念とも言えます。

「スタバとか」といえば、ステレオタイプ（典型）です。「〜といえば」と考えた時にパッと出てくる典型的な象徴、と思うとわかりやすいでしょう。

「アーキタイプ（原型）」は、わたしたちの意識や記憶や文化の奥に潜んでいる原型性です。

面影のようなもので、取り出しにくいイメージですが、このアーキタイプを共有することで共同体の文化が成立しているとも言えます。「カフェ」の「アーキタイプ」と考えると、なんでしょう。「憩いの場」や「休憩処」、最近では「ワーキング・スペース」「作業場」といったイメージがありますね。

ミニ演習07

▼「アイドル」のステレオタイプ、プロトタイプ、アーキタイプを考えてください。ステレオタイプに何をもってくるか、プロトタイプをどう言うかで、アーキタイプも変わってくるでしょう。

こうしたステレオタイプ、プロトタイプ、アーキタイプは、人によって違います。カフェ

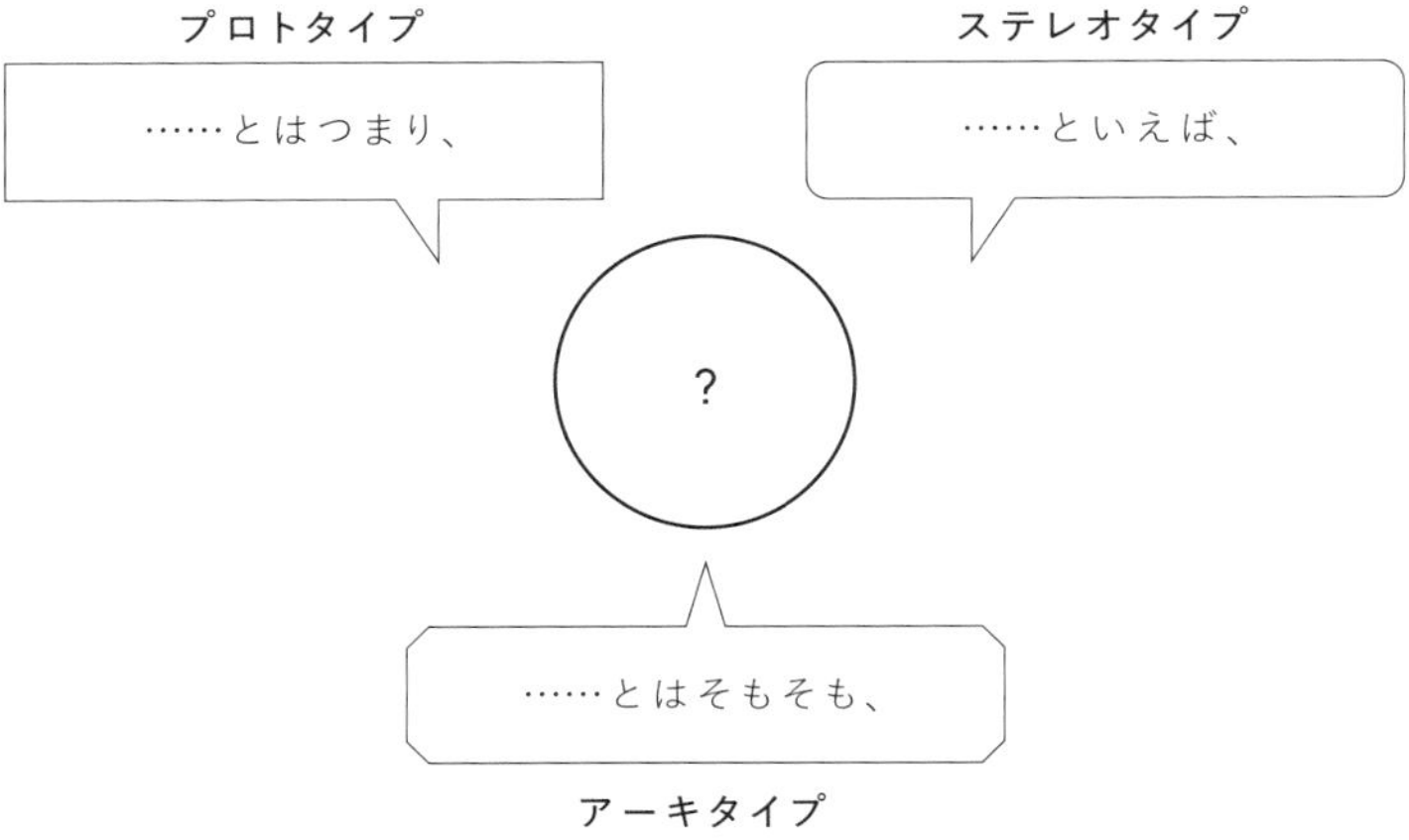

略図的原型：3type

やアイドルにどんなアーキタイプを見るか、史実としての正解ではなく、「あぁ、なるほどね」「そうそう、それ」と共有できるイメージを選び取ります。

わたしたちは周囲にあるものを、必ずしも言葉や数値で定義可能なスペックとして理解しているのではなく、このような略図的原型の組み合わせで把握し、コミュニケーションをしているのです。

「アーキタイプ」の逆襲

日々の生活の中では、無自覚なままに物事の理解を「ステレオタイプ」ですませていることがあります。社会の表層に浮遊するステレオタイプのイメージだけが大量に氾濫し、その深層にある本来の文化的文脈がますます奥に追いやられていく。

特にSNSによって「大衆」や「世間」の声が大きくなり、どんな価値もあっという間にコモディティ化していく情報過多の時代の中で、この流れは加速しているように思います。

編集工学がことのほか「アーキタイプ」を重視するのは、この流れに抗うことが、結局はことの本質や本来の価値に近づく確かな道筋だろうと考えているためでもあります。

西洋知識人の大衆論の系統をまとめた『パンとサーカス――社会衰退としてのマス・カルチュア論』（パトリック・ブラントリンガー　勁草書房　1986年）という本があります。古代ローマが熱狂したパンとサーカスをアメリカのマス・カルチャーの象徴に見立て、それに抗う「最良の希少性」とはいかなるものかを探った本です。

長らく人類にとっての「力」といえば、「神話の力」「家の力」「権力者の力」の三つでしたが、近代になってここに「テクノロジーと生産力」「マスメディアとマスカルチャー」「大衆心理」が加わったとし、それらの新しい三つの力が「希少性の否定」を推し進めたと言います。松岡正剛は千夜千冊（566夜）でこの一冊を案内しながら、略図的原型の3typeを用いて現代社会の危機の構造を提示しています。

マスメディアがポピュラーアイドルをつくっていることは誰もが知っているが、同時にこの社会が価値に関するステレオタイプだけを次々に量産していることは気がつきにくい。

ステレオタイプばかりがつくられると、いったい何がまずいのかといえば、その奥に

あるはずのプロトタイプが見えなくなり、さらにその奥にあるアーキタイプにまったく目が届かなくなる。

たとえばの話、いま「ブティック」や「携帯電話」は社会のステレオタイプになっている。どこにも同じものがある。それはそれでかまわないのだが、ステレオタイプとしてのブティックや携帯電話の記号力だけが社会を覆ってばかりいると、その奥にある「店とは何か」「電話とは何か」というプロトタイプを問う者はまったくいなくなる。その歴史も忘れ去られる。

そこへもってきて大衆心理が世の中のすべての決定権をもつということになると、われわれの歴史文化にひそんできたアーキタイプが何かということは、大衆心理が選んだポップシンボルにしか求められないということになる。

これこそが古代ローマ帝国とナチスとFIFAが陥った危険きわまりない『パンとサーカス』現象なのだが、それが危険であるとは誰もおもわない。


この本は80年代に、千夜千冊は2002年に書かれたものですが、いずれも行き着く先の現在を言い当てているようで、戦慄を覚えます。

現状を捉え直すために力強い「アンラーニング」を起こし、そこにしかない新たな価値を立ち上げようとするのであれば、表面を覆い尽くす「ステレオタイプ（典型）」をかき分けて、今一度「プロトタイプ（類型）」を問い直し、奥底で面影のようにゆらぐ「アーキタイプ（原型）」を探り当てる必要があるでしょう。

我々はどこから来たのか

編集工学研究所では、この考え方に基づく価値創出の編集手法を「ルーツ・エディティング」と呼び、企業や地域・団体と一緒に、「自分たちは何者なのか？」を問うところから未来を新たに描き出すさまざまなプロジェクトに取り組んできました。

歴史を訪ね、現在をアンラーンし、未来をひらいていくための、「ルーツ／アーキタイプ（原型性）」にアプローチしていく編集方法です。

「我々はどこから来たのか　我々は何者か　我々はどこへ行くのか」

ポール・ゴーギャン（1848－1903）が一枚の絵のタイトルに託したこの問いを、誰しもが心のどこかに潜ませているはずです。

「存在」のなんたるかの謎に向かうような、そうそう簡単に答の出ない問いを抱えてこそ、この不確実で不透明な時代を自らの足で歩くことができるのではないでしょうか。目まぐるしく行き交うノイズに惑わされずに進むべき道を都度見つけていくためにも、「我々はどこから来てどこへ行くのか」を問うアーキタイプの羅針盤を持つ必要があるのだと思います。

大きな理想のためばかりでなくとも、自らの存在をふと実感する小さな感慨に向けても、物事の起源はいつでもわたしたちに語りかける準

「我々はどこから来たのか　我々は何者か　我々はどこへ行くのか」
ポール・ゴーギャン　1897-1898年（ボストン美術館収蔵）

備をしてくれています。
寺山修司（1935-1983）の俳句に、こんなものがあります。

「書物の起源冬のてのひら閉じひらき」

冬のかじかんだ手にはーっと息を吐いたのでしょうか。閉じたり開いたりしているうちに、書物を連想したのでしょう。「そもそも本って、なんであの形なんだ？」などと思ったのかもしれません。はるか遠い書物の起源と、いまここにある自分の身体がアナロジカルにリンクする、美しい一句です。わたしたちの想像力は、気の遠くなるような時の流れですら、一瞬で「いまここ」に呼び込む力を持っています。

「原型をたどる」「そもそもを問う」「起源を訪ねる」を、自分が自分である実感を持つためのささやかなおまじないとして、携えることをおすすめします。

ヨーダの言う「You must unlearn what you have learned.」とは、本来の自分に目覚めよ、ということでもあるのだと思います。

人間は大人になる過程で、さまざまな規範を身につけていきます。周囲に協調し社会の要請に応えながらたくさんのことを学んでいく一方で、子どもの頃にはあんなに自由だった想像力の翼は、いつの間にか固く折りたたまれたままになっているかもしれません。「そういうものだ」と身につけた観念でいっぱいになった心には、もう一度翼を広げる余地など残っていないように感じるかもしれません。本当にそうですか？

だれの心にも、本来の想像力のための余地が無限に開かれているはずです。まず、世界の側にある意味（アフォーダンス）と、誰の中にもある連想力（アナロジー）と、何かにピンとくるあの感じ（アブダクション）に目を向けること。その上で、ステレオタイプをかき分けて、さまざまなアーキタイプに出会い直し、大いなる時の流れの中の一点にすぎない「自分」という不確かな存在を感じ直してみるといいでしょう。そうして緩んだ隙間から、未だ見ぬ力がきっと新芽のように顔を出します。

春が春らしくあるように、自分が自分らしくいられる時、想像力の翼は少しずつその根本を緩めていくはずです。

けれど、この「自分らしさ」とはまた、やっかいな問題です。「自分らしい」って、いったい何でしょうか？

アプローチ
08

「らしさ」に着目する
見えないものを「価値」に変える

「〜らしい」という価値

「らしさ」って、なんでしょうか？　「自分らしさ」などというややこしい問いまでいかずとも、わたしたちはありとあらゆる「〜らしさ」に囲まれています。

「子どもらしい」「Ａｐｐｌｅらしい」「イチローらしい」というときの「らしい」には何が含まれているのか。「おじさんっぽい」「南国っぽい」「昭和っぽい」の「っぽい」って、何を指しているのでしょう。

「あなたらしくもない」と言われたら、何かまずいことをしたのかもしれないし、励まされているのかもしれない。「あの人らしいね」という噂話は、悪口にも称賛にもなりえる。

そう考えると、「らしさ」とは、しごく文脈的でもあります。文脈的であるということは、対象そのものの情報だけに「らしさ」が宿っているのではなく、その周辺の情報との相互作用の中で、なにやら「らしさ」というものが立ち上がってくるとも言えそうです。そして、どんな「らしさ」だったとしても、たいていの場合、これといった説明なしに通じている。思えば不思議なことです。

企業や商品やブランドにとっては、「ホンダらしい」とか「MUJIらしい」というような「〇〇らしい」ということが、場合によってとても大きな価値を持ちます。人や商品や場所にファンがつくのは、そのものだけが持つ「らしさ」に共鳴してもらっていると言うこともできますし、その「らしさ」を失えば、老舗旅館もアイドルもブランドも、ファンは容赦なく離れていくものです。

商業的な価値のみならず、文化として、そこに生きる人々の糧として、「〇〇らしい」というのは大きな支えになるものです。

企業活動における「らしさ」をあえて言い換えるとすれば、組織文化、企業風土、行動様式、コア・コンピタンス、慣習性、暗黙知、雰囲気、いろいろ思いつきますが、この「らしい」「〜っぽい」という時に生じるイメージの複層性を言い当てるのはなかなか難しいでしょう。

企業においてもまた、「自社らしさ」を失うことは、顧客との関係や社内の求心力がやせ細っていくことのクリティカルな要因になります。

情報のコード（code）とモード（mode）

ではこの「らしさ」は、どこに宿っているのでしょうか？　何かの「情報」であることに変わりはありませんが、それはどこにあるのでしょう？

そもそも情報というものは、「コード（code）」と「モード（mode）」に分けて考えることができます。

「コード」というのは、情報の構造やルールやスペックです。マニュアルや説明書に書かれている定義や規則であったり、事実や素材やシステムの構成要素と言ってもいいでしょう。「ソースコード」といえば、プログラミングの手続きが書かれた情報ですし、「ドレスコード」といえば、何を着るべきかという場に応じたルールのことです。明記できて、言語化や数値化可能で、管理しやすいものです。

一方、モードというのは必ずしも言葉や数字で表現できない印象だったり、様相・様式のことです。スタイル、モード、モダリティ。いわく言いがたい、目に見えない雰囲気やニュアンスとして現れるものでもあります。

流行や文化やブランドというものは、何かしらのコードの組み合わせの上に表出してきたモードやスタイルが流通しているものと見ることができます。

「らしさ」は、基本的にこの「モード」に宿っています。だから、わかりにくいし、取り出しにくい。そのため、「そのものらしい」というのは本来大きな価値を持っているのですが、「らしさ」を資産として自覚的に扱うことがなかなか難しいのです。

「らしさ」とは、「アイデンティティ(自己同一性)」というほど窮屈でなく、「〜的」「〜風」というほどには客観的でもない、「そのものをそのものたらしめている何か」です。

どうして「らしさ」がわかるのか

なぜ、「らしさ」がわかるのでしょうか？　編集工学では、ここにも「略図的原型」(→

p．127）が関与していると見ます。「ステレオタイプ」「プロトタイプ」「アーキタイプ」の「略図的原型」を捉えることで、人は「らしさ」という説明し難いものを認識したり表現したりしているのですが、これは頭の内側と外側の両方にあります。頭の中に略図的に保持されているイメージがあり、認知対象として略図的に描かれる情報があります。

たとえば、三角形の下に棒を描けば「木」に見えるし、三角形の下に四角形を描けば「家」になります。「木」や「家」の略図的なモデルは、わたしたちの頭の中にすでにあり、描かれた図形を照合して「ああ、それね」と認識します。「アナロジー」の過程では、こうした「略図の照合」と「イメージの結像」がひっきりなしに起こっています。略図性はアナロジカル・シンキングに常にくっついているものです。

この時にわたしたちが認知する形状や形態が、先述の「ゲシュタルト」です。「アフォーダンス」のギブソンの研究の基盤になったものですね（↓p．105）。音の連続からメロディを感知するように、わたしたちは構成された要素からモードやモダリティ（様相）を抽出しています。

似顔絵やモノマネは、厳密に見てみればおよそ本人の姿かたちとは違っているのに、その人よりもその人らしい、という不思議な感覚を呼び起こします。特徴を思いっきり略図化してデフォルメすることで、より「らしさ」が立ち上がることもあります。

似顔絵や漫画や風刺画に見られるような誇張や歪曲を「カリカチュア（caricature）」と言います。大胆な省略や部分の強調や大げさな演出によって、面白おかしく「らしさ」を伝える表現手法です。

このような特徴の誇張は、ビジュアルだけではなく、たとえば神話やドラマやアニメやゲームの中にも、重要な編集的手法として見られます。人々の記憶に残る物語編集のために、「らしさの誇張」というのは重視されてきました。

古代ギリシアでは、哲学や詩学や建築などの表象に潜む技法を、「アナロギア」（類推）・「ミメーシス」（模倣）・「パロディア」（諧謔）の3つに大別しました。「アナロギア」は「アナロジー」のこと。類推や連想、推論やアブダクションもみな「アナロギア」です。

「ミメーシス」は「ミミクリー」のことで、真似や模倣です。「ごっこ遊び」は立派なミメーシスです。近年「バイオミミクリー」（生物模倣技術）が注目されていますが、自然を模倣することが創造の源にあるというのは、古代ギリシアですでに重視されていたアイデアです。「パロディア」は「パロディ」。先述のカリカチュアや諧謔、なぞなぞや冗談もパロディアに含まれます。

編集工学研究所が運営するオンライン・スクール「イシス編集学校」では、この古代ギリシアからの編集技法に着想を得て、高度に「らしさ」を扱う編集技法のためのユニークな編集稽古があります。題して「ミメロギア」。校長の松岡正剛が、アナロギア・ミメーシス・パロディアにあやかってつけたタイトルです。

あるふたつの事柄を並べてそれぞれに一対の形容詞を付けることで両者の「らしさ」を際立たせる、という編集稽古なのですが、手前味噌ながらこの「ミメロギア」が、遊びとして、学びとして、ゲームとして、たいそう良くできています。
煩雑なルール説明なしに誰もが参加でき、にもかかわらずその人特有のイマジネーションが生き生きと動き、ややこしい評定基準なしに作品の良し悪しが評価できる。
たとえば、こんなものです。

お題　:「漱石」と「鴎外」でミメロギアしてください。

回答例:「漱石の草履・鴎外の下駄」

←

「漱石の草履」もしくは「鴎外の下駄」、それぞれでは文字面以上の意味はないものが、「漱石の草履・鴎外の下駄」と並ぶことによって、字面や事実関係にはない「漱石らしさ」や「鴎外らしさ」が立ち上がります。ほかにも、「へそまがりの漱石・いしあたまの鴎外」、「片えくぼの漱石・伏せまつげの鴎外」、「ひややっこの漱石・テリーヌの鴎外」などなど。いずれもニヤリとするような一対になっています。「ひややっこ」と「テリーヌ」にいたっては、およそこの文豪たちとは直接関係ないものですが、こうして並べてみると「ああ、なるほどね」となるから不思議です。ある程度文化を共有している者同士の間であれば、このそこはかとない「らしさ」をたちどころに共有できるものです。

ミニ演習08

▼「令和」と「昭和」でミメロギアしてください。うまくいけば、時代の「らしさ」が立ち上がってくるはずです。

「漱石」と「鴎外」のミメロギア回答集
（松岡正剛&イシス編集学校『共読する方法の学校 インタースコア』より）

▶ 漱石の草履・鴎外の下駄

▶ 音読の漱石・黙読の鴎外

▶ 黒板の漱石・白衣の鴎外

▶ トヨタな漱石・マツダな鴎外

▶「お前が悪い」漱石
・「時代が悪い」鴎外

▶ 火鉢にあたる漱石
・暖炉を見つめる鴎外

▶ 寝ころんで読む漱石
・正座して読む鴎外

▶ 人生問題の漱石・歴史問題の鴎外

▶ 全国松竹系、漱石
・ミニシアター系、鴎外

▶ 我輩は漱石・わが愛は鴎外

▶ へそまがりな漱石
・いしあたまの鴎外

▶ ユーモアの漱石・戦闘的鴎外

▶ 高等遊民 漱石・高級官僚 鴎外

▶ ティーチャー漱石・ドクター鴎外

▶ 片えくぼの漱石
・伏せまつげの鴎外

▶ 着流しの漱石・紋付の鴎外

▶ 猫がつぶやく漱石
・鳥がはばたく鴎外

▶ 炎天の漱石・濃霧の鴎外

▶ 佇む漱石・立ち止まる鴎外

▶ 下町の漱石・山の手の鴎外

▶ 掉さす漱石・帆を張る鴎外

▶ お金になった漱石・愛になった鴎外

▶ チョークの漱石
・チョーシンキの鴎外

▶ 出席をとる漱石・脈をとる鴎外

▶ 情の漱石・浄の鴎外

▶ 新札漱石・診察鴎外

▶ ロンドンでウジウジ漱石
・ベルリンでラブラブ鴎外

▶ アールヌーボーの漱石
・ゴチックの鴎外

▶ ひややっこの漱石
・テリーヌの鴎外

▶ 癇癪の漱石・公爵の鴎外

▶ ビスケットの漱石
・まんじゅうの鴎外

▶ 人力車でゆく漱石・騎馬でゆく鴎外

▶ 太田胃散の漱石
・バファリンの鴎外

▶ かすりの漱石・べっちんの鴎外

▶「我輩は胃病みである」漱石
・「余が診て進ぜよう」鴎外

▶ マドンナに憧れた漱石
・舞姫に焦がれた鴎外

▶ わりきれない漱石
・やりきれない鴎外

イシス編集学校では、このミメロギアのアワードがあり、イシス編集学校の師範陣が優秀賞を選評します。

言葉やイメージが揃っていることとズレていること、その揃いとズレのバランスとゆらぎが、「なるほど」や「それそれ」や「やられた」の旨味を生み出します。

手続きは単純ながら、このミメロギアには、アナロジーやアブダクションが高度に駆動します。「何をもって何とみなす」かという湯川秀樹さんの言葉（↓p.62）にあるような「メタファー」や「見立て」や「アナロジー」を、ここではさらに双方向に交差させながら、ぴたりとくる着地点を探します。

結果的に、論理やスペックでは表せない、要素に分解しようとすると逃げていく、ある事柄（ここでは漱石や鴎外）のアーキタイプがゆらりと引き出され、共有されます。連歌や俳句といった日本の文芸も、こうした暗示にこそ宿る明晰さを遊び競うものでした。

「らしさ」の発生の瞬間を捉える装置として、古代ギリシアの表象力にならった編集稽古

「ミメロギア」をご紹介しました。ぜひ一度、遊んでみてください。

複雑なものを複雑なままに～「主語」ではなく「述語」で捉える

コードや要素の組み合わせだけでは現れてこないという点に着目すると、「らしさ」は「生命」とも似ています。わたしたちの身近にあふれている「生きているもの」や「あたかも生きているかのように振る舞うもの」は、要素に分解してもその姿はつかまえられず、むしろ分析的な方向に徹底しようとするほどに見えにくくなるものです。

日本の非線形科学の第一人者である蔵本由紀さん（1940-）は、生命現象のような複雑でダイナミックな世界像を解く視点として、非線形科学を「主語」としての科学ではなく「述語」が結びつける科学というふうに捉えました。

モノに注目し普遍性に基づいて世界を見る科学、言い換えれば「What（何）」が主体になる科学を「主語的統一」と呼び、それに対して「How（どのように）」を基軸に世界を見る見方を「述語的統一」と呼びます。

バラや夕日や郵便ポストといったばらばらなモノを「赤い色をしている」というコトの視点でつなぐことで、新しい関係性を探る世界像です。「赤い」という述語（性質／コト）がひとつの場所をつくっていて、そこに夕日などの主語（物質／モノ）が包み込まれるイメージであるとも言います。（蔵本由紀『非線形科学』集英社新書 2007年）

たとえば、非線形科学に「フラクタル」という現象があります。自分の一部を拡大すると同じ図形が現れる無限の入れ子構造のような図形のことですが、「フラクタル」という呼び名をつけたとたんに、フィヨルドの海岸線やシダの葉っぱの形状や巻き貝の模様といった別々のものが同じ現象で説明されることになります。こ

シェルピンスキーのギャスケット
自己相似的な無数の三角形からなるフラクタル図形の一種

れが、述語によって主語が包摂される科学のイメージです。

哲学者の西田幾多郎さん（1870－1945）は、「述語的統一」というキーワードで「意識」や「判断」というものを説明しました。意識というものは「何処までも述語となって主語とならないものと云うことができる」として、「我」とは何かを説きます。

> 普通には我という如きものも物と同じく、種々なる性質を有つ主語的統一と考えるが、我とは主語的統一ではなくして、述語的統一でなければならぬ、一つの点ではなくして一つの円でなければならぬ、物ではなく場所でなければならぬ。我が我を知ることができないのは述語が主語となることができないのである。
>
> 西田幾多郎『西田幾多郎キーワード論集』書肆心水　2007年

主語的統一ではなく述語的統一、点ではなく円、物ではなく場所。「自分らしさとは何か」を問うほどに、「自分らしさ」は正面から逸れていく。「我」とは結局どこまでいっても主語（what／何）になりえない存在なのだ、と言っています。そして、意識が捉える「直観」についてこう説明します。

「直観というのは主語面が述語面の中に没入することに外ならない。」

チャールズ・パースが発見した「アブダクティブな示唆」にある「直観」も、思えば「述語的」なものとして描かれています（↓p．92）。「自然について正しく推測する本能的能力」である直観は、「自分をとりまく自然の諸法則との絶え間ない相互作用の中で有機的に形成されてきたもの」であると、パースは言います。直観は必ずしも、「わたし」という主体が制御しているものではない、ということです。

「変わっていくもの」を通して「変わらないもの」を見る

古典物理学から素粒子物理学まで、科学はずっと「不変なもの」を通して変転する世界を語ろうとしてきました。

蔵本由紀さんはこの見方を反転させて、「変わっていくもの」を通して「不変なもの」を見る見方を非線形科学を通して提示しています。

「アフォーダンス」を提唱したギブソンは、「知覚とはつまり『変化』に埋め込まれている『不変』を知ること」であると言いました（↓p．107）。

翻って言えば、「変わっていくもの」によって「不変なもの」を認識するのが、本来の人間の知覚や意識や判断に沿った世界認識である、と見ることもできます。

思いがけない述語的統一が導入されると、個物間の関係が一新され、新しい世界像が現れます。先程の「ミメロギア」は、いかに「思いがけない述語的統一を発見できるか」を競うゲームでした。そこでは、モノとして新しい何かが見出される必要はありません。関係の発見こそが、世界を新しくするのです。

ヘレン・ケラーが鶴見俊輔さんに言った「アンラーン／まなびほぐし」とは、「何を（主語）」をたくさん学んだものを「どのように／どうする（述語）」の視点で捉え直す必要があった、ということかもしれません。

「主題」よりも「方法」で世界を捉えようとする編集工学は、「何が」よりも「どのように」に軸足を置き、非線形科学や西田哲学やパースのアブダクションにあるような徹底した「述語感覚」を、その編集方針の軸に置きます。

「らしさ」のような見えない価値を捉えるには、複雑なものを複雑なままに包み込める述語性が必要なのです。

述語の国、日本

そして「述語的」であることは、我々日本人にとっては、非常に馴染み深い状態でもあります。

西洋文明においては「主語的統一」が優位であるのに対して、日本は伝統的に「述語的統一」が優位な文化を発達させてきました。

フランスの地理学者オギュスタン・ベルク（1942－）は、日本文化を象徴する大きな特徴として、主語を必要としない日本語の形式を指摘しています。（オギュスタン・ベルク『空間の日本文化』ちくま学芸文庫 1994年）

たとえば「寒い」と言う時、西洋の言語では「空気が冷たい」のか「体が冷えている」のかが主語によって明示されます。日本語では、寒さは大気中にもそれを感じる人間の中にも同時にあり、その主体は情景全体に溶け込んでいて分けることができない。
日本人からしてみれば、わざわざ考えるのに苦労するくらいに当然のことですが、ベルクによれば「西欧人はこの事態に面食らう」そうなのです。「何を」や「何が」よりも「どのように」「どうなっている」を中心にコミュニケーションを図る。日本が「述語的統一」が優位な文化であるというのは、わたしたちが日々使いこなしている日本語にもあらわれています。

蔵本由紀さんの見解にあるように、複雑系の先端を捉える非線形科学においてこの「述語的」であることが肝要なのだとしたら、「VUCA」（Volatility：変動性、Uncertainty：不確実性、Complexity：複雑性、Ambiguity：曖昧性の頭文字をつなげた言葉）と言われて久しいこの混沌とした世界を見る上で、日本的感性や方法は重要な役割を担うかもしれません。

現代の自然科学は、主語的統一を文化の基調とする西欧世界に起源を持つことから、世界全体が主語を基軸とする自然理解を前提とするようになったと考えられます。しかし、その優位を決定づけたコペルニクスからニュートンにいたる近代科学革命の時代は、人類の文明史全体から見たら一瞬です。

アリストテレスから近代科学革命までに2000年、ニュートンのプリンキピアから現代までは300年。そう考えると、極めて短期間で爆発的に進化してきた現代科学の知が、たいそういびつなものになっているのではないかと、蔵本さんは指摘します。そのいびつさが科学的な知にとどまらず人間の知全般に及んでいるのではないか。その危惧を出発点にした『新しい自然学』(ちくま学芸文庫 2016年)では、最後をこう結んでいます。

人間の問いには、科学的な事実記述によって答えられる問いと、そうでない問いがある。後者には答えがないゆえに問う意味もない、と根拠もなく錯覚されているような現代は、ある意味で文化の貧困な時代といわざるをえない。

事実的な知のみが知であるはずがない。物語的な知によって適切に答えられるべき問いが、不当に抑圧されている時代は豊かな時代とは言い難い。本書の最大のテーマである、現代の『知のアンバランス』の究極の姿をここに見る。

人類がここまで築き上げてきた「主語的な事実知」は、現代社会の重要な基盤をつくりました。それは紛れもなくわたしたちの大切な土台でもありますが、一方で「らしさ」のような柔らかい「述語的な物語知」を取り扱う方法を開拓することも急務です。

見えにくいもの、語り得ないもの、正解を示し得ないもの。先行き不透明な21世紀の世界を進んでいく上では、おそらくこうした情報にこそ明日をひらくキーファクターが潜んでいるのではないでしょうか。

それはなにも真新しい技能や風景ではなく、もともと人間が持っている力です。そして先述したように、述語を基軸とした日本語をあやつる日本人には、たいそう馴染み深い風景であることを、今一度思い出してもいいかもしれません。

アプローチ 09

伏せて、開ける

創造性を引き出す「余白」のマネジメント

物に寄せて思いをのべる

日本の表現様式には古来「寄物陳思《きぶつちんし》」という方法があります。万葉集を大きく二つのタイプに分類したもののひとつで、「物に寄せて思いを陳《の》べる」というもの。もう一方は「正《せい》述心緒《じゅつしんしょ》」で、こちらは「正に心の動きの端緒を詠む」です。

万葉集では、心に思うことを直接表現する「正述心緒」よりも、前者の「寄物陳思」の様式がはるかに多いそうです。

恋しいとか切ないとか寂しいということをそのまま表現しようとすると、語彙に限りがありますが、物に寄せて思いを表現するのであれば、選択肢は無限に広がります。

国文学者の鈴木日出男さん（1938-2013）は、ありきたりな心象表現を克服するための方法としてこの「寄物陳思」が多用されたと説明します。

そして、この「物」と「心」を対応させる表現様式は、「物」が「心」に従属する関係ではなく、「物」と「心」が対等の位置で対応しあっているもの、と見ることができると言います。

〈物〉はあくまでも具体的に目に見える事物現象を現す言葉です。そうした〈物〉を〈心〉の文脈にとりこむことによって、〈物〉だけでもなければ〈心〉だけでもない、新たな心の映像が作り出されます

鈴木日出男『万葉集入門』岩波ジュニア新書　2002年

「私が」「何を」思うかということを、皆まで言わずに目の前の「物」に寄せて面影を立ち上げる。そこに現れる映像を写すスクリーンとして、古代日本人は歌を詠みあったのでしょう。

先述の「らしさ」も、何かに寄せたり、要素を削いだり、別のものに肖ってみることで、

一番表したいことが際立つものでした。「寄せる」「削ぐ」「消る」、こうした足し算や引き算や掛け算によって、日本人は叙情や心情を交換してきたのです。

「生命らしさ」は想像力の中にある

この「寄物陳思メソッド」とも言えるような方法で、「人間らしい」とか「生命らしい」といった難問に向き合ったプロジェクトがありました。

マツコ・デラックスさんのアンドロイド「マツコロイド」等で知られるロボット工学者の石黒浩さん（1963-）と人工生命の研究者である池上高志さん（1961-）が共同で制作した、「機械人間オルタ」というロボットがあります。ロボットという「物」に寄せて、「生命らしさ」とは何かを考え表現しようとした試みです。

オルタは動きの中身が丸見えです。人間や動物は中身が見えていない、ということを考えると、見た目としてはオルタはおよそ生き物らしくありません。

けれど見る者はオルタに「得も言われぬ生命らしさ」を感じます。生き物の常識からかけ離れた見た目を持つオルタに生命感が見出せるとしたら、外見からではなく内面から生じる生命らしさということになる。それは、どういうことでしょうか?

石黒さんは、こう言います。

――――
機械むき出しのオルタの『生命らしさ』はどこにあるのか。それは複雑さだと思っている。オルタの複雑さは、ニューラルネットワークの複雑さである。

オルタには複数の空気圧アクチュエータがついていて、周囲の音などに複雑に反応します。複数のモダリティ（人間らしさをあらわす要素）の同期が、これまでのアンドロイドにはない動きをつくり出しますが、一方で、見た目の精巧さや発声・発話など、削いでいるモダリティも多くあります。

それでも、オルタのほうに生命感を感じられるとしたら、そうした不足部分を、見ている側が想像力で補完していることになる。
――――

池上高志・石黒浩
『人間と機械のあいだ心はどこにあるのか』講談社　２０１６年

言い換えれば、オルタの「生命らしさ」とは、見る側の想像力がつくり出したものでもあります。池上さんと石黒さんは、見た目からのアプローチではない「生命らしさ」というものを追究する中で、想像の余地を残したほうが「生き生き」した状態をつくりだせるということを発見し、実証しました。

そしてふたりは、「生命らしさと想像力は大きくつながっている」という結論にいたります。

「生命らしさ」というものは対象の側だけに宿るのではない。見られる側の様子と見る側の想像力の混ざり合いによって、「生命らしさ」は

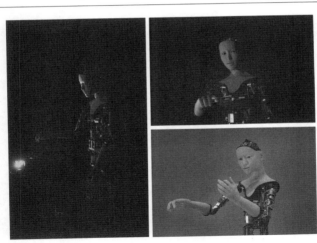

「機械人間オルタ」
（池上高志・石黒浩『人間と機械のあいだ 心はどこにあるのか』講談社2016年より）

生じているようです。

日本流　余白のクリエイティビティ

この「生き生きした」ものを想像力に託して出現させるという方法は、日本人がずっと得意としてきたところでもあります。

オギュスタン・ベルクが指摘した「述語的」な日本文化（↓p．152）はまた、「想像力の余地」をつくり出すことと共にありました。

見方を変えれば、日本を日本たらしめているメソドロジーの数々はいたって高度な「編集力」を発露しているとも言えます。松岡正剛はそれらを「日本という方法」として取り出し、丹念に紡いできました。

この「日本的である」ことと「編集的である」ことの間には、現代を生きるわたしたちに有用な数々のヒントが潜んでいます。

日本文化をつくってきた先達の編集力に学ぶことは、「自国の文化を知る」という意味にとどまりません。日本流のクリエイティビティには、いま世界的に行き詰まっているさまざまな観点や方法のオルタナティブになる可能性があるはずです。

編集工学は「伏せて、開ける」を重視します。生き生きと「開いて」ほしいことは、まず「伏せる」。

この「伏せて、開ける」を基軸とした「余白の創造性」とも言える「日本という方法」を、ここではいくつかピックアップしてみたいと思います。

心にてふさぐべし

「松林図屏風」
長谷川等伯　16世紀（東京国立博物館収蔵）

土佐派の画家、土佐光起（１６１７－１６９１）は、「白紙ももやうのうちなれば、心にてふさぐべし」（『本朝画法大伝』１６９０年）と言いました。

近代日本美術の開拓者である岡倉天心（１８６３－１９１３）は、茶室（数寄屋）の美意識が何たるかを説明する言葉として「故意に何かを仕立てずにおいて、想像の働きでこれを完成させる」と言いました。

また「茶道の要義は不完全なものを崇拝するにある」として、「完全」という古典的な均斉感覚と対比させて、このように説いています。

真の美はただ「不完全」を心の中に完成する人によってのみ見いだされる。

岡倉天心 The Book of Tea １９０６年／邦訳『茶の本』岩波文庫 １９２９年

茶室においては、心の中に全効果を完成することが客人の側それぞれに任されているとして、招かれる側の想像力こそが美の完成に必要なことを説いたのです。

この「余白」や「欠如」を心の側で完成させる方法は、「間」や「拍子」といった、タイミングや機会やリズムにおいても重視されました。

「せぬ隙」と「空の拍子」

能をつくり上げた世阿弥の言葉に、「せぬ隙《ひま》が、面白き」というものがあります。舞を舞いやむところや歌いやむところのまさにその隙間に、心の内が外側に匂いでる、と言います。

> 無心の位にて、わが心を我にも隠す安心にて、せぬ隙の前後をつなぐべし。これすなはち、万能を一心をつなぐ感力なり。
>
> 世阿弥『花鏡』1424年

人に対してばかりでなく自分にも心を隠すほどに無心になる隙にこそ、面白みがある、ということです。

日本の「間《ま》」のなんたるかを言い当てているような世阿弥の言葉ですが、この「間」が武道になると「拍子」として引き出されます。

宮本武蔵（1584-1645）は、拍子をこそ鍛錬しなさいと言いました。拍子の中にも「さかゆる拍子」「おとろふる拍子」「あたる拍子」「間の拍子」「背く拍子」がある。それぞれの拍子をよくよくわきまえて勝負にあたるべしと説いたのは、世界で今も読みつがれている『五輪書』（宮本武蔵　1645年）です。

> 諸芸・諸能に至りても、拍子をそむく事は有るべからず。又空なる事においても拍子はあり。敵のおもひよざる拍子をもって、空の拍子を知恵の拍子より発して勝つ所也。
>
> 『五輪書』

「拍子」に背いてはならない。目に見えないものにも「拍子」がある。鍛錬を持って知恵を積み、無心の拍子で相手の不意をつくことだ。

「せぬ隙」、「空の拍子」。流れる時間の中に現れる一瞬の「余白」をつかまえるものです。仏教の「空《くう》」にも通じるような（↓p．120）、「ない」こと（余白）をマネジメントする日本の方法です。

「床の間」という空間

余白は、空間にもおよびます。日本家屋の余情の最たる空間といえば「床の間」です。書画や花を飾る神聖な空間ですが、もとは室町時代、主君や家臣のための面会の場として特別に配されていた場所でした。貴族の寝殿造から武士の書院造へと住宅様式が発展する中で生まれた余白です。

ドイツの建築家ブルーノ・タウト（1880－1938）は、この「床の間」を絶賛しました。

美術品を置く場所として床の間ほど明確な形式を創造することは、全世界の芸術的創造のこれまで遂に成し得なかったところである。

ブルーノ・タウト『忘れられた日本』中公文庫　2007年

なんら宗教と関係しない床の間が「祭壇としての趣向」を持っていることや、家の文化的集中をもたらす空間になりえていること。また床の間の裏側には便所も含めて何があっても構わ

ブルーノ・タウトによる床の間のスケッチ
（ブルーノ・タウト『忘れられた日本』中公文庫2007年より）

ない、という構造に感嘆します。タウトは、「清潔と汚穢の対立」にこそ日本文化の緊張感あるあんばいが成立している、と見抜いたのでした。

空間をツメてツメていくうちにぽっかりと空いた「間」。それを「ムダ」といってつぶさずに、住まいの中の創造性の象徴として極限まで様式美を高めていきました。

掛け軸や華道や室礼《しつらい》の作法を生み出した床の間は、日本の美意識にイノベーションをもたらした住空間のハイパー・パート（超部分）でもありました。

水を引いた「枯山水」

「床の間」がそうであったように、余白から生まれた庭があります。「枯山水《かれさんすい》」です。水のない石庭に、想像力で水流や水沫を見る。日本人の究極の「引き算の美学と思想」を表すものです。

枯山水はそもそも、儀式のために「空けられていた場」で、観賞用の作庭をすることはきびしく禁じられていました。一種の「禁断の地」に「仮山水《かりさんすい》」が出現したのです。その仮山水がやがて寺院塔頭の「枯山水」として大きく飛躍していきます。

制約条件を逆手に活用した「負」のイノベーションと、「ない」ことで何かを出現させる「引き算」の方法論は、日本の強力なクリエイティブ・エンジンです。

「幽玄」と「余情」

「引き算」という方法から、「見えないものを見る」という美意識も成熟していきます。和歌や連歌の中で継承された「幽玄」という感覚もそのひとつで、「そこはかとなく心に感じ入るような感覚」として、後に「能」に発展していきました。「幽玄」とはたとえばこういうものです。

見渡せば花ももみじもなかりけり浦の苫屋

龍安寺　石庭
Photo by Stephane D'Alu「RyoanJi-Dry garden」(2004)

の秋の夕暮れ　藤原定家

何もないさびれた浜辺にわざわざ「花ももみじもない」と言ってみせることで、聞く人のイメージに満開の桜や色づく紅葉を浮かび上がらせます。伏せることであえて印象を際立たせる、これが「幽玄」であり「余情《よせい》」ともいう美意識です。

「幽玄」は世阿弥によって「複式夢幻能」という能のスタイルに発展していきました。現実と幻想のふたつの世界が、複式に入れ替わって舞台に展開するものです。

利休と侘び茶

こうした「引き算の美学」「余白のクリエイ

「能楽図絵二百五十番」
複式夢幻能「井筒」を描いた月岡耕漁による

ティビティ」を、極限まで突き詰めた天才がいました。戦国時代、ふたりの天下人・織田信長と豊臣秀吉に仕え、戦国の世を陰で動かした茶人、千利休（1522-1591）です。

空間演出からプロダクトデザイン、イベントプロデュースから戦略参謀にいたるまで、多彩なジャンルで才能を発揮した稀代のクリエイティブ・ディレクターです。

自らのディレクションによって新しい美意識と価値観を生み出し、クリエイティブの力を政治経済の力学に持ち込んだビジネスプロデューサーでもありました。利休が生きた16世紀は、ヨーロッパではルネサンス期。ラファエロやガリレオ・ガリレイやシェークスピアと同じ時代を生きました。

グーテンベルクが活版印刷を発明し、コロンブスがアメリカ大陸を発見し、ガリレオ・ガリレイが地動説を唱えるなど、ヨーロッパが広く外へ目を向けたルネサンス時代に、利休は極限まで無駄を削ぎ落としたわずか二畳敷の茶室「待庵《たいあん》」をつくり、一切の装飾を排した真っ黒の茶碗をプロデュースします。

広間の茶室を、四畳半から三畳へ、三畳台目から二畳台目まで引き算し、刀を外して頭を下げないとくぐれない小さな「にじり口」を置きました。身分を超えて気配を交わし合う究極のコミュニケーション空間です。そこに、楽長次郎（1516－1592）という無名の陶芸職人に焼かせた「黒楽茶碗」を出すと、話題が話題を呼び、市場で大変な高値がつきました。

わずか二畳の薄暗い空間と手のひらに包まれる漆黒の茶碗が、客人のイマジネーションに深い宇宙をつくり出します。あえて省くことで想像力を自由にする。「引き算」の美学は、利休の手によって研ぎ澄まされていきます。

以降この「余白」や「引き算」の感覚は、COMME des GARCONSや無印良品となり、Zen（禅）やAppleコンピュータとなり、世界に発信されていきました。

ミニ演習09

▼「伏せて、開ける」効果がうまく現れていると思う日本文化を考えてみてください。衣食住をぐるりと見渡してみるといいでしょう。

「心にてふさぐ」編集力のメカニズム

「伏せて開ける」ことで触発されるイマジネーションは、「美意識」の観点のみならず、人間の創作力や想像力や記憶力のメカニズムから見ても、いたって理にかなっていることです。

わたしたちが情報を頭に入れる時には、短期記憶と長期記憶と呼ばれる記憶領域が動きます。認識した情報はまず短期記憶に入り、それが何かしらの「意味」と結びついた時に、長期記憶として保存されていきます。

長期記憶には、生まれてこの方の体験やさまざまな知識が大量に格納され、意識しているいないにかかわらず長年にわたって保存されています。一方、短期記憶は極めて一時的で、留めておける情報量も単語にしてわずか七〜八語程度と、驚くほど少ないものです。

熟読したはずの本の内容がほとんど思い出せない、観た映画のストーリーを覚えていない、という時は、流れ込んでくる文字や映像が自分にとっての「意味」と結びつかないままに、短期記憶領域から流れ出ていった状態であると言えます。

この短期記憶から長期記憶へと情報が渡されるあいだには、踊り場のような記憶の領域があると言われています。中期記憶と言ったり、リハーサル記憶と呼ばれたりしますが、「伏せて、開ける」ことで引き出される編集力は、どうやらここに関連しているようです。

作家の井上ひさしさん（1934-2010）は、『自家製　文章読本』という本で、この短期・中期・長期記憶と「名文」の関係を紐解いています。編集工学的に要約すると（カッコを補足）、こんな感じです。

読み手は次々と短期記憶に文章を入力させながら読み進み（アーティキュレーション）、入力中は中期記憶によって意味解釈がなされる（アナロジー）。そこで推理・推論が動き（アブダクション！）、自分なりの解釈となって中期記憶の深層に保持される（ラーニング）。それが長期記憶のシステムに接触し、場合によっては長年保持された定理や信念の入れ替えが起こる（アンラーニング！）。

さすれば名文とは、読者の長期記憶のどこかを揺さぶるものでなければならない、と言っています。

そして、この「中期記憶」でおこる面白いことのひとつとして、認知心理学者の大村彰道さん（1963－）の文章を引用しています。

個々にばらばらに伝達された内容であっても、あるいは不十分にしか述べられていない内容であっても、われわれは、足りない部分を補い、全体を総合して、まとまった形で理解し、記憶しようとするのである。これが、読解に関する人間の情報処理の特徴である。

井上ひさし『自家製　文章読本』新潮文庫　1987年

人間は、インプットされた情報によって世界を認識しているだけでなく、その情報の「不足」によって意味をつくり出している。その足りない部分を補い統合していく能力が、人間の想像力の大きな部分を占めているとも言えそうです。

先程の「オルタ」でも発見された「生命らしさを感じる想像力」は、この「記憶の踊り場」での出来事に関係していることがわかります。

オルタは、見た目や機能面での人間らしさは大幅に削いで、そこに認識の「不足」をつくり出し、結果として見る側の想像力に補完させるような形で、「得も言われぬ生命らしさ」を表現しました。

短期記憶に入った情報は、「不足」をテコにして「意味」のシステムと結びつき、長期記憶の海に流れ込んでいきます。想像力の空隙をつくり出す「伏せて、開ける」という方法は、「生き生きとした記憶が心に残る」上で、重要な役割を果たすメソッドなのです。

日本人がことさら「余白」や「引き算」や「不足」や「不完全」を重視してきたのは、「何が」という実体への理解よりも、「どのように」の中に立ち現れる「生き生きとした面影」を交換することに、人間のコミュニケーションの本来があると見てきたからかもしれません。

アプローチ
10

物語を与える

心を動かす「ナラティブ・アプローチ」

なぜ人は物語を必要とするのか

最初に出会った「物語」は何でしたか？　桃太郎や一寸法師、赤ずきんちゃんや三匹のこぶた。大人になってから読み直したわけではないけれど、大体の粗筋は覚えている、というお話はいくつもあるのではないでしょうか。

子どもの頃は絵本や紙芝居で、やがて小説やテレビドラマや映画や演劇で、ある時は仲間内の武勇伝や噂話で、ＣＭやポスターの中のブランドストーリーで、わたしたちは自覚するしないにかかわらず、無数の物語をつくり出しては摂取しながら暮らしています。

なぜ、人は物語を必要とするのでしょうか？
この世に生まれてきて、世の中を把握していく中で、この世界というのは何もなければ茫漠としたつかみどころのない情報です。そのつかみどころのない世界をなんとか把握し、その世界像を他者との間で共有するための装置として、人類は「物語」という方法を活用してきました。
20世紀後半の構造主義を牽引したフランスの記号学者ロラン・バルト（1915-1980）は、『物語の構造分析』という本でこのように言っています。

物語はまさに人類の歴史とともに始まるのだ。物語を持たない民族は、どこにも存在せず、また決して存在しなかった。物語は人生と同じように、民族を越え、歴史を越え、文化を越えて存在するのである。

ロラン・バルト『物語の構造分析』みすず書房　1979年

人が世界を何かしらの方法で把握しようとするその装置が物語であるならば、人類の歴史とともに物語の歴史もはじまっている、ということができます。

「history（歴史）」という単語の中には「story（物語）」が含まれていますが、このふたつの単語はいずれも「過去の出来事の語り、記述、寓話、物語」を意味するラテン語「historia」を語源としています。

人類がまだ文字を持たなかった頃は、この「物語という装置」に乗せて大事な情報を伝達していました。『平家物語』や『太平記』といった現代にまで伝わっている物語は、琵琶を弾きながら物語を紡ぐ琵琶法師たちが語り継いだものです。

ヨーロッパでも同様に、劇場での演劇を通して口承で物語を伝えていました。『イーリアス』『オデュッセイア』などは、決まり文句や一定の音節に則ってセリフが運ばれていく「六脚韻」という様式で演じられていました。

リズムや語り方、話の流れや感情を揺さぶる場面描写など、語り手の長期記憶に保存し、聴く人の長期記憶をゆらすような語りの工夫が、長い時間をかけて物語という装置に施されていきました。

人々の経験を時間の軸に沿って表現する「語り」という言葉の技術を通して、コミュニティにおける大切な記憶を共有してきたのです。

そういう意味で、物語とは単に娯楽のためだけのものではなく、情報の保存と伝達のためのメディアであるとも言えます。

物語の様式に情報を通す中で、日本語や英語といった言語システムも出来上がってきました。人類の歴史全体から見れば、言語が物語をつくったというよりも、物語という様式が先にあって各地の言語システムがつくられてきたと見ることができます。

物語回路（narrative circuit）を自覚する

このように人類の歴史とともにあった物語ですが、それは文明や社会の中だけでなく、わたしたち一人ひとりの頭や心の中にすでにして埋め込まれているものでもあります。

三歳くらいになると、物語の略図的原型と言えるものが芽生えはじめます。バラバラに認識していた世界が、だんだんと時間のつながりごと認識できるようになり、時期がくると一気につながっていく。

喋りはじめの子どもは、最初は〝ワンワン〟、〝ブーブー〟というように断片的に意味を覚えていきますが、あるとき突然、〝さっきワンちゃんがいてね、ワンっていってね、びっくりしちゃってね〟というような、時系列に沿った「お話」をするようになります。

トロント大学の神経学者ノーマン・ファーブは、人の頭の中には世界を把握するためのデフォルトのネットワークがあって、何かを認識しようとするときに「物語」と結びつくと言っています。「物語」の様式を通して、「なにがなにしてなんとやら」のパターンとともに漠然とした世界を混乱せずに認識しようとする能力を獲得していく、という見方です。

この「物語回路（narrative circuit）」ともいうべき認知回路が動き出す時に、目の前の〝ワンワン〟が、〝さっきワンちゃんがいてね、ワンっていってね〟という物語として現れてくるようになるのです。

ヘレン・ケラーが手のひらの中の「WATER」という綴りを流れる水とともに感じ、そこから一気に自分を取り囲む物と言葉と意味の関係を発見していったように、ある時忽然と世界がわかって、そこからイメージと言葉と物語が噴き出してくる体験を、わたしたちはみんな通り過ぎてきているのです。

松岡正剛は、編集工学の観点から「物語」を研究する中で、この「物語回路」にあたるものが人間の編集力に大きく関わっていることを発見していきます。

成長の過程で発現した第一次的な物語回路ともいうべきものを使って、絵日記に書くことや学校でお話しすることなどの、のちの情報体験を編集していく。やがて先生や親からの影響、友達との対話、文学や音楽との出会いの中で、新たな物語回路の形成がおこってくる。こうした借り物の物語を使いながら、第二次・第三次の物語回路の形成を通してさまざまに自己体験を脚色していくのではないか、と見ました。

こうした物語回路が編集力のおおもとにあって、わたしたちは世界を分節化し、関係づけ、意味をつくり出しています。だとすれば、わたしたちがつくり出している情報の側にこの物語回路を予め埋め込むことで、人々はもっと大量の情報を上手に扱えるようになるのではないか。

ハーバード・ビジネス・レビューに寄稿した「ビッグデータ時代の編集工学」という記事（2013年2月号）で、松岡はビッグデータにおける物語回路の編集という見方を提示し、いくつかの企業でこの記事の勉強会が開催されるなど、話題になりました。

人は、自分を取り巻く世界を一種劇場のように捉え、シーンやキャラクターの動きの組み合わせによって、複雑に絡まり合う無数の情報を的確に処理しています。日常のささいな出来事から心揺さぶられる体験にいたるまで、何かしらの物語の登場人物として、世界と自分を認識しているのです。

物語の5大要素

では「物語」という情報フォーマットは、どんな要素でできているのでしょうか？

編集工学では、物語を成立させるための部品として次の5つの要素があると見ています。世界観としての「ワールドモデル（1.）」、話の筋書きとなる「ストーリー（2.）」、さまざまな場面を構成する「シーン（3.）」、登場人物の「キャラクター（4.）」、そして物語を進める「ナレーター（5.）」の5つです。

それぞれ詳しく見ると、以下のようになります。

1. ワールドモデル（世界構造）

物語を成立させる共通した世界像や枠組みで、時空間を含んだ、世界構造・舞台設定にあたるものです。

2. ストーリー（スクリプト、プロット、筋書き）

話の流れ、物語の軌道を指します。スクリプトや筋書きです。アリストテレスはこのストーリー（話の運び）を、論理の運びの「ロゴス」と区別して「ミュトス」と言いました。

3. シーン（場面）

物語を特徴づける場面のことです。物語は複数のシーンで構成されますが、効果的なシーンの挿入によって、物語を大きく展開させる役割も果たします。

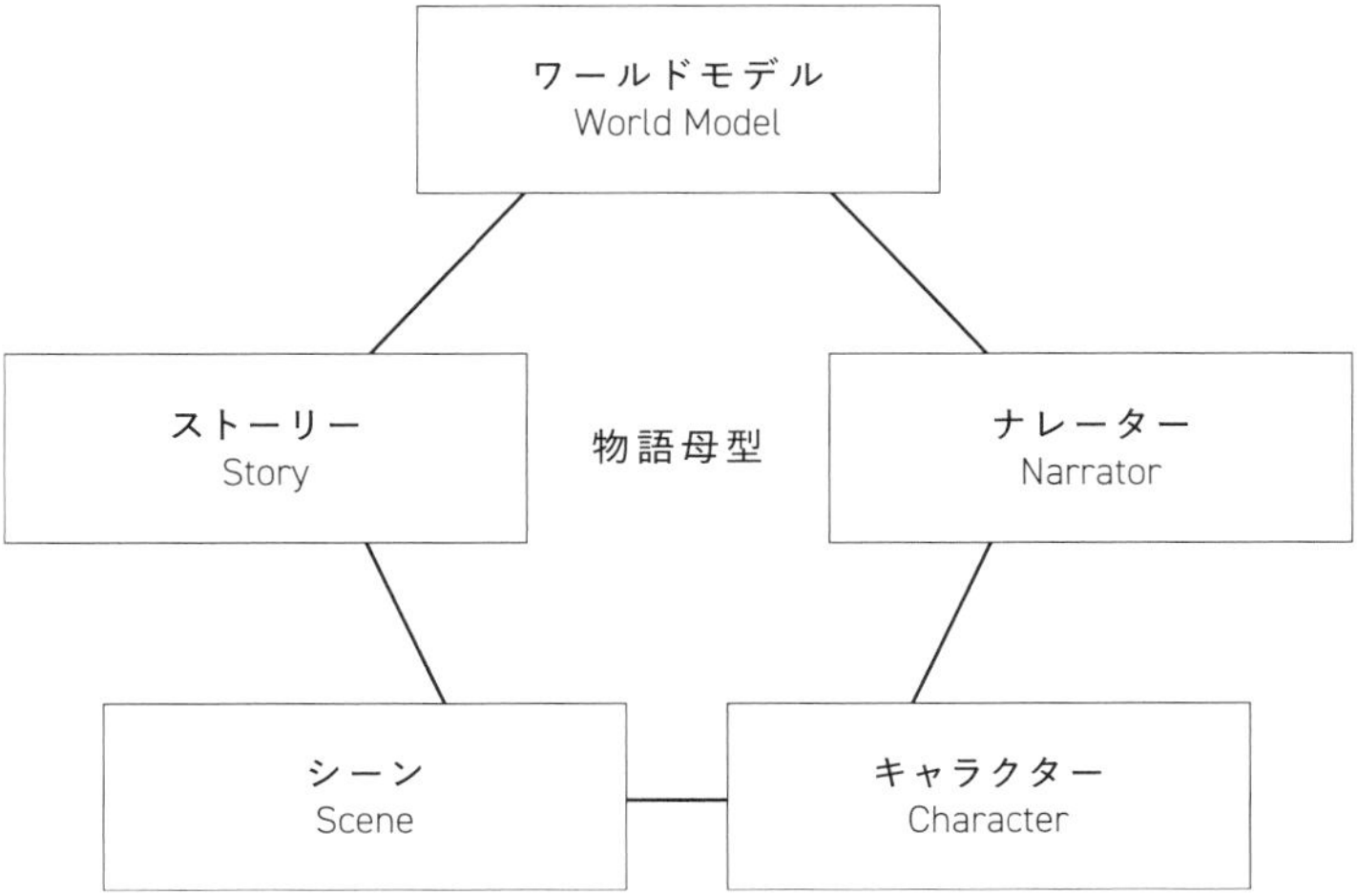

物語の5大要素

4. キャラクター（登場人物）

主人公をはじめとしたすべての登場人物のことです。それぞれの登場人物の際だった特徴や登場人物同士の関係性などが、物語の特色をつくります。

5. ナレーター（語り手）

物語を前に進める語り手です。「むかしむかしあるところに、」と俯瞰的な視点で語ることもあれば、「大きな桃が流れてきます」と登場人物の視点から語ることもあります。

たいていの物語は、この5つの要素が組み合わさることで成立しています。そして、物語には必ず始まりと終わりがあります。

世界を魅了する物語の秘密　物語母型「英雄伝説」

これらの要素を組み合わせて構成される物語には、古代神話以来の「物語の母型」と呼ばれる「型（パターン）」が潜んでいると言われています。

神話学者のジョーゼフ・キャンベル（1904－1987）は、神話のパターンから「英雄伝説」と呼ばれる物語母型を抽出しました。

古今東西の神話や伝承や小説や脚本には、「セパレーション（分離・旅立ち）」→「イニシエーション（通過儀礼）」→「リターン（帰還）」という3つの段階から構成される物語が無数にある、というものです。

「セパレーション」というのは、旅立ちです。何事もない日常から何かが起こって旅に出る。物理的な旅かもしれないし、精神的な旅立ちかもしれない。旅に出た先で「イニシエーション」、通過儀礼や試練に出会う。それを乗り越えた先に「リターン」、何かを得て、元いた場所に戻ってくる。けれども、帰還した自分は、旅立ち前の自分と同じではないというような物語です。

この「物語母型」を忠実に取り込んで映画作品をつくったのが、ジョーゼフ・キャンベルの教え子だったジョージ・ルーカス（1944－）です。『スター・ウォーズ』は、まさにこの「英雄伝説」です。以来ハリウッド映画では、この英雄伝説を量産して数々のヒット作を世に出しました。

こうした母型は世界各地に見られます。日本では『桃太郎』が非常にわかりやすい英雄伝説です。

桃から生まれた桃太郎は、鬼に手を焼く村を助けるために、ある日鬼ヶ島へと鬼退治にでかけます（セパレーション）。途中で猿・キジ・犬を仲間に加えながら力をあわせて鬼を見事にやっつけて（イニシエーション）、許してあげたかわりにと鬼から宝物をもらって帰ってくる（リターン）。桃太郎は村人に宝物を分けて、おじいさん・おばあさんと幸せに暮らしましたとさ、というお話です。

クライマックスでは、試練を経て帰還した主人公の成長が見られたり（宝物を分けてあげる）、

「英雄伝説」の型

1 **セパレーション**（分離・旅立ち）

↓

2 **イニシエーション**（通過儀礼）

↓

3 **リターン**（帰還）

物語母型（「英雄伝説」の型）

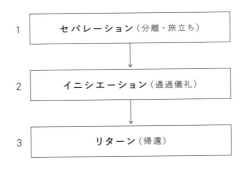

元いた共同体が活気に溢れたり（村人が喜ぶ）と、セパレーションした時の状況とは何かが変わっているのも特徴です。

『マトリックス』『千と千尋の神隠し』や『スタンド・バイ・ミー』『ライオン・キング』など、主人公の葛藤と成長を描いているような物語には、この英雄伝説の型が鮮明に埋め込まれていますね。

ミニ演習10

▼「英雄伝説」の型を持つ物語には、他にどんなものがありますか？　思いつくタイトルをあげて、3段階でストーリーを説明してください。

キャンベルはこの3段階をさらに詳しく分析していて、千夜千冊704夜「千の顔を持つ英雄」では松岡正剛がわかりやすく全貌をナビゲートしていますので、関心のある方はぜひ読んでみてください。英雄伝説にぴたりとハマる物語を探してみると、いろいろと興味深い発見があります。

「イシス編集学校」では、この「英雄伝説」を借りて物語をつくる「物語編集術」を学びます。物語を書くなど、自分にはおよそ縁遠い作業だと思う人も、「型」を活用することでなかなか読ませる物語を仕上げてしまいます。

「英雄伝説」の活用に加えて、読み手の心情を動かすさまざまな編集上のテクニックも取り入れていくのですが、前述の「伏せて、開ける」編集術は、読み手の心を動かすための物語編集の方法としても重視されているものです。

それぞれの段階で、何を「伏せて」いかに「開ける」か。魅力的な物語を生み出す技能は、人類が継いできた母型の活用と編集技法の徹底によって、面白いくらいに磨かれていくものです。

語り得ないものを扱う装置としての物語

物語母型は、魅力的な物語を創作することにも活用できる一方で、わたしたちの内面を問うたり仲間の気持ちをひとつにしたりするコミュニケーションの装置としても重要な役割を果たします。

人間の頭や心の中には、神話の時代以来こうした物語母型が回路としてビルト・インされていて、人類が親しんできたなんらかの物語母型が物語回路にヒットした時、わたしたちの感情は大きく動きます。

そうであるなら、ハリウッド映画や小説のみならず、誰かにメッセージを伝えたり、仲間同士でビジョンを共有するというときにも、この物語母型は大いに機能するはずです。自分の伝えたいことを物語母型に乗せてメッセージすることで、受け手の物語回路への入り方が違ってくるからです。

何より大きいのは、「感情」や「印象」や「感性」といった一様には語り得ないものであったり、明示して簡単には取り扱えないものであったりしても、物語という情報フォーマットに乗せることで共有できるようになるということです。

こうした物語の力は、組織や地域や共同体における精神的な支えとして重要な役割を担います。わたしたち一人ひとりにも物語回路があるように、組織にもその組織ならではの物語回路が存在します。組織文化や「らしさ」（↓p．137）として表出しているものの奥にある物語回路を捉え直し、そこにヒットするような物語母型に乗せてビジョンやメッセージを共有することで、集団の思いや存在意義や未来に向けての方向性はずいぶんと持ち合いやすくなるはずです。

先述の編集工学研究所の「ルーツ・エディティング」（↓p．133）は、企業の物語回路を構造分析し、未来に向けた英雄伝説を共に描く作業であるとも言えます。

編集工学研究所では、こうした物語性を重視した方法を「ナラティブ・アプローチ」と呼びますが、いわゆる「ストーリー・テリング」とははっきり意味を分けています。

広告などで企業のブランドストーリーを送り届けるのがストーリー・テリングだとすると、受け手の体験や価値観の中に物語によるゆらぎを起こす方向性がナラティブ・アプローチだと考えます。情報過多の今の時代にあっては、対外的にも仲間内でも、一方向のストーリー・テリングが思うように届かなくなっています。物語への共振を起こすナラティブ・アプローチが、さまざまな場面で必要になっているのです。

社会科学や臨床科学の領域では、90年代以降「物語論的展開」がおこり、「ナラティブ（物語）」をキーワードとする多くの理論的実践的試みが行われてきました。こうした領域でも物語を基軸とした方法論は「ナラティブ・アプローチ」と呼ばれていて、いま医療や福祉や企業や教育などにおいて注目されています。

背景としては、長らく論理的整合性や効率性のために「セオリー（理論）」が重視されてきたさまざまな現場で、「ナラティブ（物語）」の力が見直されるようになったことにあるようです。セオリーが「必然性」や「一般性」や「法則性」を重視しているのに対し、ナラティブは「偶然性」や「個別性」や「意外性」を内包するものです。

そして、ナラティブは、混沌とした現実にまとまりと輪郭を与えるものである一方、一旦「現実の物語」として定着すると、簡単には動かしがたいものとして現実を制約することにもなります。

『ナラティヴと共同性』（野口裕二 青土社 2018年）によれば、こうした現実を支配している物語「ドミナント・ストーリー」を発見し相対化することによって、新たな「オルタナティブ・ストーリー」を出現させることが、臨床における「ナラティブ・アプローチ」の鍵となるそうです。

この章の冒頭の「アプローチ01 わけるとわかる、わかるとかわる〜「分節化」が仕事を前進させる」で見たように、わたしたちは多かれ少なかれ、すでに何者かによって分類されタグ付けされた世界で「そういうもの」を受け入れながら生きています（↓p.30）。それをアンラーニングすることの難しさと大切さは、ジョージ・ルーカスが描いた「イニシエーション（通過儀礼）」を象徴するキャラクター〝ヨーダ〟が教えてくれました（↓p.1

17）。

けれどわたしたちは、固着化したフレームから外に出る術としての「アナロジー」や（↓p．59）、環境との関係の中に意味を見出して新たな世界像を手に入れる「アフォーダンス」という見方（↓p．99）、力強い仮説思考を操る「アブダクション」といった技法（↓p．79）を自ら選びとって装填することができます。

そこで動き出す想像力こそが、新たなオルタナティブ・ストーリーを立ち上げる機動力になるはずです。

新たな物語とともに囚われの世界から脱出する

文学を通じて想像力のなんたるかを探究したフランスの哲学者ガストン・バシュラール（1884－1962）は、与えられたイメージをつくり替えることにこそ、想像力の働きがあると言いました。

―人々は想像力とはイメージを形成する能力だとしている。ところが想像力とはむしろ―

知覚によって提供されたイメージを歪形する能力であり、それはわけても基本イメージからわれわれを解放し、イメージを変える能力なのだ。イメージの変化、イメージの思いがけない結合がなければ、想像力はなく、想像するという行動はない

ガストン・バシュラール『空と夢〈新装版〉：運動の想像力にかんする試論』叢書・ウニベルシタス　２０１６年

この「イメージの変化、イメージの思いがけない統合」のために、物語という情報フォーマットが想像力に先んじて機能するのだと思います。

ジョーゼフ・キャンベルは『神話の力』（ハヤカワ文庫　２０１０年）の中で、わたしたちが神話に見られる物語母型から何を学ぶべきかを語っています。

神話は、なにがあなたを幸福にするかは語ってくれません。しかし、あなたが自分の幸福を追求したときにどんなことが起こるか、どんな障害にぶつかるか、は語ります。

「何が」を予測するのではなく、「どのように」のプロセスを予習させるものとして物語を見る。そして、こう言います。

神話は絵空事ではありません。神話は究極の真理の一歩手前にあるとよく言われますが、うまい表現だと思います。究極のものは言葉にできない、だから一歩手前なんです。究極は言葉を超えている、イメージを超えている。あの生成の輪の、意識を取り囲む外輪を超えている。神話は精神をその外輪の外へと、知ることはできるがしかし語ることはできない世界へと、放り投げるのです。だから、神話は究極の真理の一歩手前の真理なんです。

「知ることはできるがしかし語り得ない世界」にわたしたちを連れていってくれるのが、神話的な物語の世界。「究極の真理の一歩手前の真理」に触れるメディアでもあるようです。そして、キャンベルは「英雄伝説」を引きながらこう問いかけます。

神話的にものを考えることは、あなたがこの『涙の谷』において避けられない悲嘆や困難と、折り合いをつけて生きるのを助けてくれます。あなたの人生のマイナス面だとかマイナスの時期だと思われるもののなかに、プラスの価値を認めることを神話から学ぶのです。大きな問題は、あなたが自分の冒険に心からイエスといえるかどうかです。

第2章「世界と自分を結びなおすアプローチ」は、慣れ親しんだものの見方に変更をかけ（セパレーション）、負を正に転換しながら世の中の不可抗力を乗り越えて（イニシエーション）本来の自分に帰還していく（リターン）、冒険のための手引でもありました。

分節化の自由を入り口に、想像力の山や谷をジグザグに進んで、物語の風景に抜けて出たところで、いったんの出口となります。元いた場所のはずなのに何かの景色が変わっているとしたら、きっと編集力が勢いよく動き始めている証です。

第3章

才能をひらく「編集思考」10のメソッド

メソッド 01

思考のクセに気づく
アテンションとフィルター

わたしたちが何かを考えたり感じたりしている時は、「注意（アテンション）」が先に動いています。何かに注意を向けないことには、思考も感情も何も始まらない。

いまいる場所には、赤いものがありますか？　ぐるりと見渡してみてください。ついさっきまで風景に溶け込んでいたものが急に浮かび上がって見えませんか？　「赤」に意識を向けたとたんに、赤いものが目に飛び込んでくるはずです。

日常の中でも、たとえば引っ越しを考え始めるとやたらと不動産屋が目についたり、結婚式に呼ばれるとフォーマルな洋服ばかりが目に留まるようなことがありますね。ある特定のものを意識すると関連情報が自然と目に留まりやすくなるこうした現象を、「カラーバス効果」と言います。わたしたちの注意が、日常の中でいかに無意識によって選択されているか、ということを示す現象です。

わたしたちの頭の中は、考えることによって「注意」をしているのではなく、「注意」が先導することで意識や認知や思考が引き出されていきます。編集工学ではこの注意の矛先を「注意のカーソル」と呼び、すべての編集に先んじるものとして重視しています。

では、この「注意のカーソル」は、どのように大量な情報に分け入っていくのでしょうか。好みや見方などの「フィルター」を通して、わたしたちは情報の取捨選択をしています。

ここでは、「注意のカーソル」と「フィルター」を自覚的に動かし、情報を収集する感覚を掴んでみましょう。

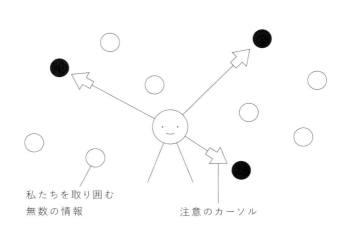

メソッド 01 アテンションとフィルター

演習1▽アテンションとフィルター

好きなもの・いらないもの

あなたの部屋にある「好きなもの」「いらないもの」を、それぞれ思いつく限りあげてください。記憶の中の「あなたの部屋」をたどります。いまその部屋の中にいるのであれば、まわりは見まわさずに思い出しましょう。（制限時間：5分）

Hint

▽部屋に置いてあるものかもしれないし、窓や壁や間取りといった部屋そのものの特徴でもいいです。気配や匂いや残像など、目に見えないものにもアテンションを向けてみましょう。

▽「好きなものフィルター」、「いらないものフィルター」をかけ替えながら、なるべくたくさん書き出しましょう。

Date:　　/　　/

Worksheet

演習1 ▷ アテンションとフィルター

▷ 好きなもの

▷ いらないもの

演習1▽アテンションとフィルター　解説

「あなたの部屋にあるもの」、どれだけ集めてこれましたか？　記憶の中の情報を収集する間、頭の中では何が起こっていたでしょうか？　その動きをトレースしてみることも、編集力を鍛える上では非常にいいトレーニングになります。

入り口から順番にたどっていった人、ランダムにあちこちカーソルが向いた人、上から俯瞰するようにいっぺんに眺めた人、アプローチはいろいろだと思います。日頃意識しない思考のクセが、こういうところにも現れます。

表面の映像を追えば目に入る場所にあるものだけでなく、引き出しやクローゼットにしまってある隠れたものにも注意のカーソルは向いたでしょうか。窓から差し込む日差し、音や匂い、思い出や時の流れといった形のない情報も、「あなたの部屋にあるもの」ですね。視覚だけではない五感からの情報を、自在に意識できたら素晴らしい。

慣れ親しんだ場所の風景を思い出すだけなのに、なかなか疲れる作業だったのではないでしょうか。自分の思考に自覚的になるというのは、それだけでエネルギーを使うものです。いかに日頃、無自覚に情報を流し込んでいるか、ということにも気がつくでしょう。

「好きなもの」「いらないもの」のフィルターをかけ替えると、ラジオの周波数を変えるように入ってくる情報が変わることを体感できましたか？　「いらないもの」と一言でいっても、どの観点からの「いらないもの」なのか。そのフィルターの選択も迫られたのではないでしょうか。

何かしらのフィルターがなければ、情報を選び取ってくることはできません。「フィルター」自体には善し悪しはなく、情報選択を司るひとつの認知機能です。そのため、このフィルターが「色眼鏡」となることもあれば、「自分軸」として重要な決断を支えてくれることもあります。アテンションとフィルターは、世の中をどう見ているかという、その人のものの見方を形作っているものでもあります。

いかにフィルターを自在に持ち出せるかが、情報収集の重要なポイントです。発想力が豊かな人は、このフィルターの切り替えが上手な人とも言えます。まずは、アテンションとフィルターを自覚的に取り扱うだけでも、思考の質は大きく変わります。

第2章からのヒント

01

わけるとわかる、わかるとかわる

「分節化」が仕事を前進させる

散らかった部屋を片付けるところから、第2章は始まりました（↓p.30）。さて、どこから手を付けようか。のっぺらぼうの情報に楔を打ち込むことで、物事は動き出す。「ややこしい〝情報の海〟に句読点を打ってみること。」という言葉が、本書における編集の出発点でしたね。

ここに、ひとつ疑問が残ります。「では、どこに句読点を打てばいいのか」。この最初の一歩を決めるところに、アテンションやフィルターが関わっているのです。

AIには未だ十分でなく、人間には本来備わっている能力の最たるもの、「分節化（アーティキュレーション）」する力も、「注意のカーソル」の先導によって引き出されていくものです。そして、その分節化をよりインパクトのある方向に新しい価値を創造しようとするのであれば、通り一遍の注意では足りません。ここからが、編集力の勝負です。

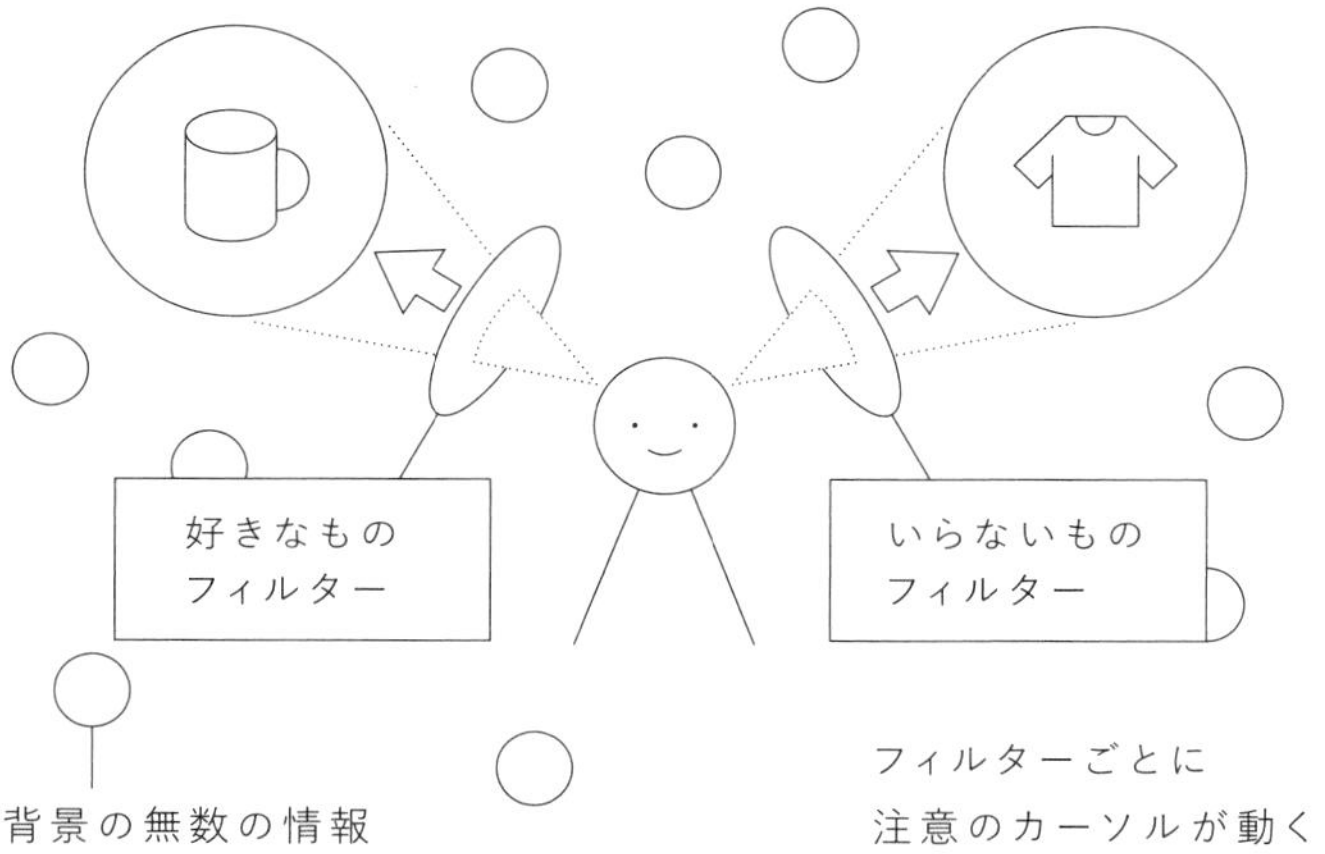

メソッド 01　アテンションとフィルター

情報の差異や異質に気が付き、無数にある大小様々な情報の突起から、しかるべきフィルターを通してユニークな区切りを選択する。研ぎ澄まされたアテンションが、創造的な編集力を引き出すトリガーになるのです。

ともすれば、自分の思考のクセとして張り付いているアテンションとフィルターは、持ち方によっては混沌とした世界に分け入る武器になります。

「わけるとわかる、わかるとかわる」は、何かに「気が付くこと（アテンション）」から始まります。

メソッド
02

情報の周辺を照らす連想ネットワーク

アテンションとフィルターによって情報を選び取ったら、今度はその情報の可能性を広げる方向に向かいます。編集は、「連想」と「要約」のかわるがわるで進んでいきますが、発想を自由にしていくためには、まずは「連想」に強くなることです。

肝に銘じておきたいことは、情報には必ず「まわり」があるということです。どんな情報も何かの文脈の上に乗っていて、何らかの情報と関連しています。松岡正剛は「情報はひとりでいられない」と言いました。情報の多面性に気がつくことが、編集の可能性を広げる最初の一歩になります。

いつでも自在にその一歩を踏み出せるように、隣接する情報を高速に眺める習慣を持つことをおすすめします。編集工学ではこの「まわりにある情報群」を「イメージサークル」と言ったり「連想ネットワーク」と言ったりして、非常に重視します。サーチライトが周辺ごと照らし出すように、あるイメージの「まわり」ごと捉える見方です。

言葉における連想ネットワークは、「シソーラス（類語）」と呼ばれます。シソーラスを広げたり、イメージサークルを意識したりすることで、見方を固定化せずに、多様な角度から情報を捉えるようにする。そうした習慣を持つだけで、編集の飛躍力が断然違ってきます。

ここでは、演習1で集めた「あなたの部屋の好きなもの」をスタート地点にして、「連想ネットワーク」を自在に広げる感覚を掴んでいただきます。短時間で、高速に、がポイントです。

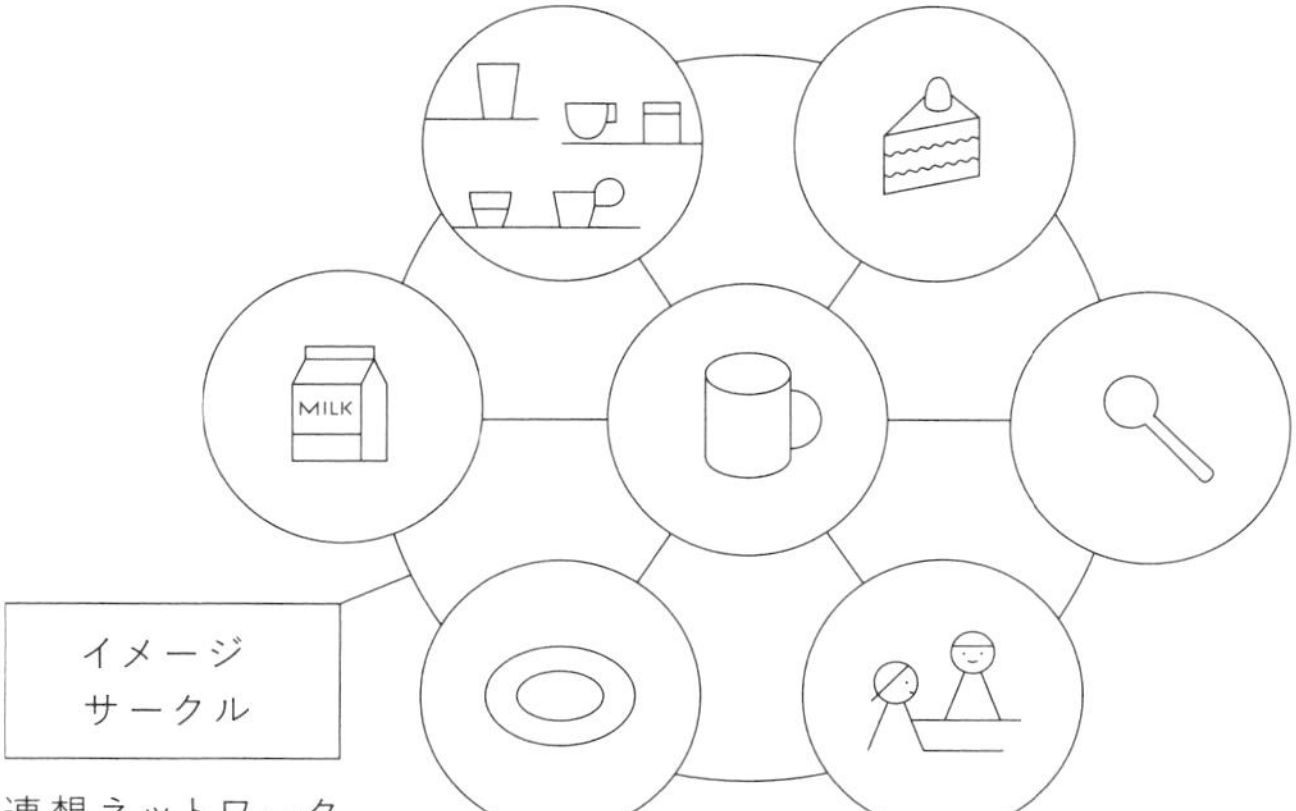

連想ネットワーク

メソッド 02　連想ネットワーク

演習2▽連想ネットワーク

お気に入りの連想系

「あなたの部屋の好きなもの」から「一番のお気に入り」をひとつ選んで、そこから連想されるものをなるべくたくさんあげてください。（制限時間：3分）

Hint

▽選んだ情報から連想されるものを自由に広げます。サーチライトのフォーカスを緩めるように、情報のまわりに連想されるイメージを集めましょう。

▽連想は放っておけば、つらつらと元の情報から離れていきますが、ここではあくまで「選んだ情報」から直接連想されるものを次々と選び出してください。

▽連想される情報は、必ずしも「あなたの部屋」の中にあるものでなくても構いません。

Date:　　/　　/

Worksheet

演習2 ▷ 連想ネットワーク

▷ あなたの部屋の一番のお気に入り

▷ 選んだものから連想されるものを
できるだけたくさん書き出してください
（最低5つ）

演習2▽**連想ネットワーク** 解説

まず、演習1の「あなたの部屋の好きなもの」を選びとるところで、最初の「好きなものフィルター」がかかりました。そこからさらに「一番のお気に入り」を選び出す際に、再度フィルターが用いられます。サーチライトのフォーカスを緩めたり絞ったりしながら、特定の情報に焦点をあてたり、その可能性を広げたりといったことを、日常の中でも頻繁に行っています。

そうして選び出したひとつのものから、一気に連想を広げていただきました。この時にも、「何を連想するか」というところでアテンションとフィルターが動いたことを感じたでしょうか?

いま私の目の前には「有田焼のマグカップ」があるのですが、ここから連想を広げてみます。「買った場所」を思い浮かべたり、中に入れる「飲み物」に注目したり、あるいは他にお気に入りの「有田焼」の食器を思い浮かべたり、このカップで「一緒にコーヒーを飲んだ人」との思い出も蘇ってきます。「 」内がフィルターにあたるものです。それらにアテンションを向けながら、ひとつひとつ言葉にして拾い集めていく演習をしていただきました。

このように、ひとつの情報にはさまざまな切り口があります。その切り口を意図的に切り替えていくことで、さまざまな角度から情報を眺めることができるのです。ここでは、そのためのちょっとしたコツをご紹介しておきましょう。

「助詞を変えてみる」という方法です。「マグカップ［が］……、」「マグカップ［の］……、」「マグカップ［を］……、」といった形で、情報にくっつく助詞を変えてみると、そのあとについてくる情報の景色が変わっていくのがわかりますか？　助詞（が、の、を、に、へ、と、より、から、で、や、など）が磁石となって、次にくっつく情報を連れてくるのです。言葉によって吸着される情報の性質を利用することで、多様な連想情報をどんどん集めていくことができます。

ちょっとしたＴＩＰＳですが、視点の切り替えになかなか有効です。他のものでもぜひ試してみてください。スクリーンが切り替わるように思い浮かぶものが変わっていくことを楽しめたら、思考がほぐれてきたしるしです。

02

くらべる、あわせる、ずらす

イノベーションを起動する「関係発見力」

イノベーションとは、0から1を生み出すものとは限りません(↓p.37)。多くの場合、既存の知識や事象の組み合わせによって導かれるものです。異なる情報に対角線を引く力が、新しいものを生み出します。

情報と情報の間に関係線を見つけるには、それぞれの情報の食指をなるべく豊富に持っておくことが肝要です。「イノベーション体質」になるには「関係発見体質」になるべきで、そのためにはまず「連想体質」である必要があります。情報の「まわり」に潜在する連想ネットワークやシソーラスをいつでも取り出せる状態にしておくことで、物事の関連性がぐっと見つかりやすくなります。

生命の編集プロセスがそうであるように、必ずしも最初から完璧な設計図のもとに情報を組み立てることを目指す必要はありません。むしろ、編集の可能性は、偶然や想定外にこそ潜んでいます。「ブリコラージュ」(ありあわせのものを組み合わせて何かを創り出す、状況を切り抜ける方法)によって、多様な働きや意味や価値を創り出す。「連想」

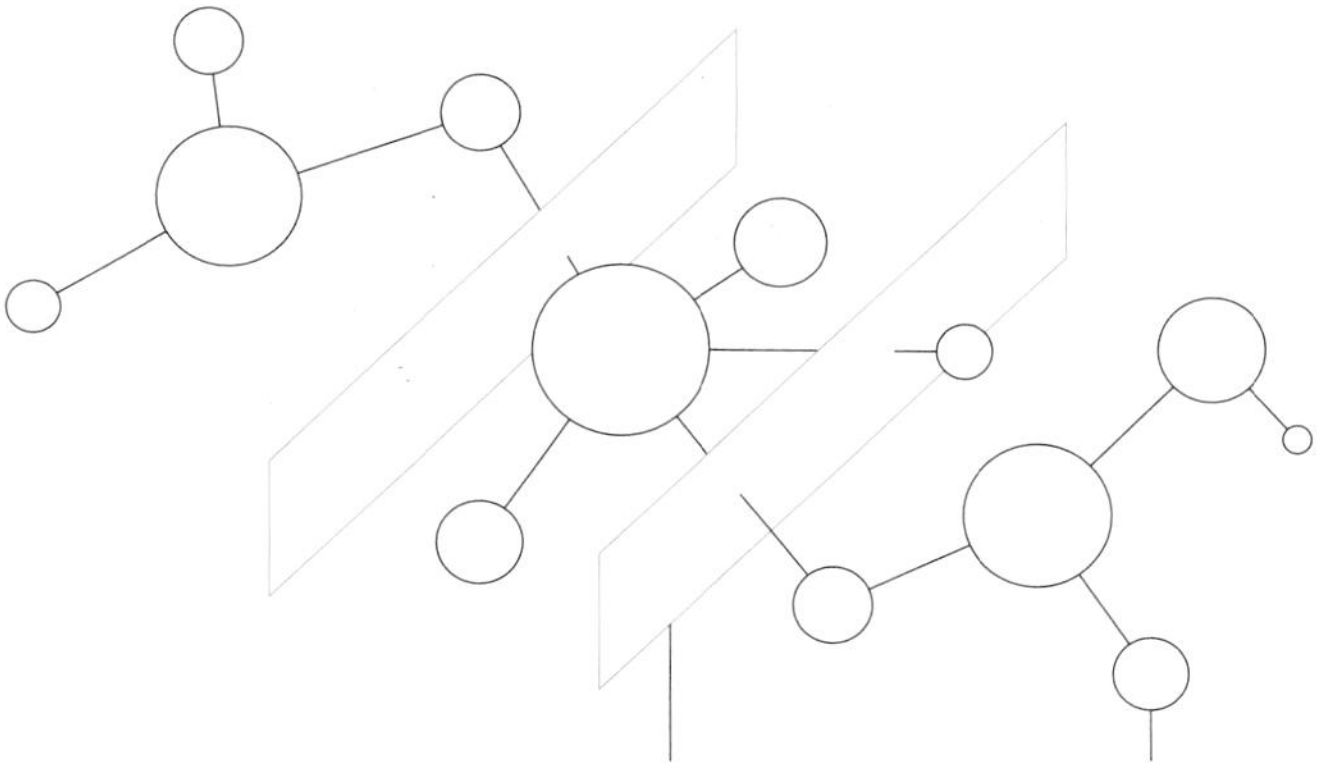

メソッド 02 連想ネットワーク

を自在に操れるということは、ブリコラージュの幅を広げることでもあります（↓p．40）。

カイヨワの言う「対角線の科学」は、すでに分類されて固定されてしまった世の中の情報を、まったく新しい目で捉え直すという方法です（↓p．46）。

時に自由な見方を妨げる固定観念も、異質な視点を持ち込んで対角線を引くことで、揺さぶっていくことができます。そのためにはまず、いつでもたくさんの切り口を持ち出せるようにしておくべきなのです。

メソッド
03

見方をガラリと変える
情報の「地と図」

メソッド02では「連想」することを通して情報の可能性を広げる手法を体験しました。こうした連想系の思考をよりしっかりと扱えるようにするために、情報というものがどんな構造にあり、何を動かすと連想が動いていくか、その基本的な捉え方を押さえておきましょう。

どんな情報も「地（ground）」と「図（figure）」に分けて見ることができます。「地」は情報の背景にあたるもの、「図」は認識されている情報の図柄。「地」となる情報の上に、「図」となる情報が乗っています。情報の「分母」と「分子」、あるいは「文脈」と「意味」と言ってもいいでしょう。この「地」と「図」の見極めは、編集の基本的な技法です。

まずは、情報を「地」と「図」に分けて認識する。これだけでも、一見入り組んだ情報世界を認識するのに大いに助けになります。その上で、「地」を動かすことで「図」がガラリと様相を変えることを認識します。これは「発想力」やものの見方の柔軟性に直接関わることです。

メソッド02に登場した「有田焼のマグカップ」も、何を「地」にして見るかで「図」としての様相が変わります。

部屋にあればコーヒーを飲むカップですが、お店にあれば「商品」、倉庫にあれば「在庫」。佐賀県有田町から見たら「産品」でしょうし、台所のシンクにあれば「洗い物」、ゴミ捨て場に置いたら「燃えないゴミ」にもなります。

このように、「地」を切り替えていくことで、「図」として現れる情報を多様に取り出すことができます。「地」を変えると「図」が変わる。見方がどんどん切り替わる様子を体感してみてください。

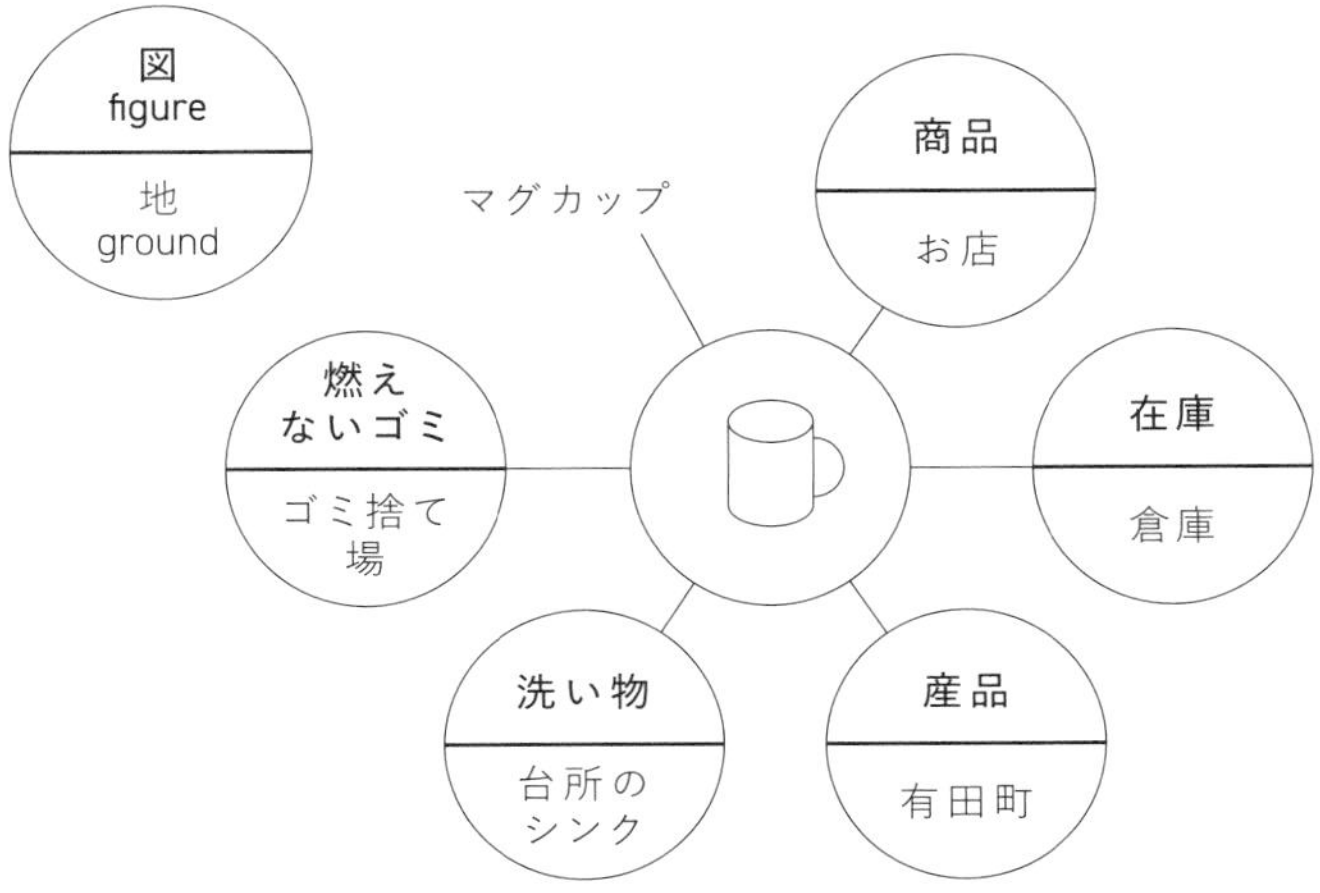

メソッド 03 情報の「地と図」

演習3▽情報の「地と図」

言い換えカタログ

次のどれかを選んで、他の言葉に言い換えてください。「地」を変えながら、できるだけたくさん！（制限時間：3分）

A：会議　B：結婚式　C：育児

Hint

▽「～における」「～にとっての」の「～」の部分を変えていくことで、「地」が切り替わります。

▽場所や人や立場や関係性を、チャンネルを切り替えるようにどんどん差し替えていくと、「図」が変わっていくイメージがつかめるでしょう。

Date:　　/　　/

Worksheet

演習3 ▷ 情報の「地と図」

▷ 選んだもの：

▷ 選んだものの言い換え：
できるだけたくさん書き出してください
（最低5つ）

演習3▽情報の「地と図」解説

日頃あたり前に使っている言葉にも、いろいろな側面がありますね。たとえば「会議」。チームにおける会議であれば「情報共有」や「アイデア出し」かもしれないし、経営層にとっては「合意形成」や「意思決定の場」という側面があるでしょうか。新人にとっては「度胸試し」や「成長の場」にもなるでしょうし、働き方改革担当からすれば「削減対象」の場合もありますね。「日本学術会議」などといえば、ミーティングではなくて評議のための機関ということにもなります。

「結婚式」は、新郎新婦にとっては「晴れの日」ですし、その後夫婦生活を送る中では「記念日」や「生涯の思い出」ともなります。親にとっては「巣立ち」や「旅立ち」、参加者にとっては「お祝い」ですが、場合によっては「散財の元」とも見えるかもしれません。ホテルにとっては「案件」であり「本番」。幼い女の子にとっては「花嫁さんになれる日」かもしれませんね。「結婚式」をめぐる景色も、どこから見るかでずいぶんといろいろです。

多面的に眺めていく中で、「結婚式」とはそもそも何か、「会議」にはどんな一面があるか、「育児」は何をもたらしてくれるのか。そういった日頃は意識しない視点に立つことができます。

ただし、漠然と眺めていても、なかなか「地」は切り替わりません。「〜における○○」「〜にとっての○○」と、情報の分母や文脈にあたる視点を、意図的に設定しながら切り替えていきます。

もう一歩編集を進めるならば、メタファー（比喩）や「見立て」を積極的に取り入れていくと、さらに発想が自由になります。

誰の言葉か、「育児は育自」とはよく言ったものです。これは「育つ者」の「地」を「子供」から「自分」にくるりと転換した見方です。なかなか含蓄がありますね。

どんどん「地」を切り替えて「図」を多方面から眺める中で、「あ、そういう見方もあったか」という発見にいたれれば、この演習は大成功です。その感覚を、ぜひ日常の中にも持ち込んでみてください。

03

乗り換え、持ち替え、着替え

固定観念から脱する「飛び移り」の技法

編集は「連想と要約のかわるがわる」で進んでいきます。「連想」を進めていく上でのもっとも基本的な技法が、この「地」の転換です。一方、「要約」は「図」を絞り込んでいくほう。編集はこの両輪で進んでいきますが、発想を自由にするためには、まず連想に強くなることです。

「連想」とは、頭の中の情報の枠組みである「フレーム」や「スキーマ」を渡り歩いている状態です(→p.48)。「〜における」「〜にとっての」を変えていくことで「地」が変わると言いましたが、これは言ってみれば「フレームの飛び移り」にあたるものです。「フレーム」や「スキーマ」は、物事を認識する上で重要な枠組みの機能を果たしているものですが、一方で、それが動かなくなるとものの見方が固定化されて、いわゆる「頭が固い」状態に陥ります。

頭を柔らかく保っておくためにも、「フレーム」や「スキーマ」は自在に動かせる

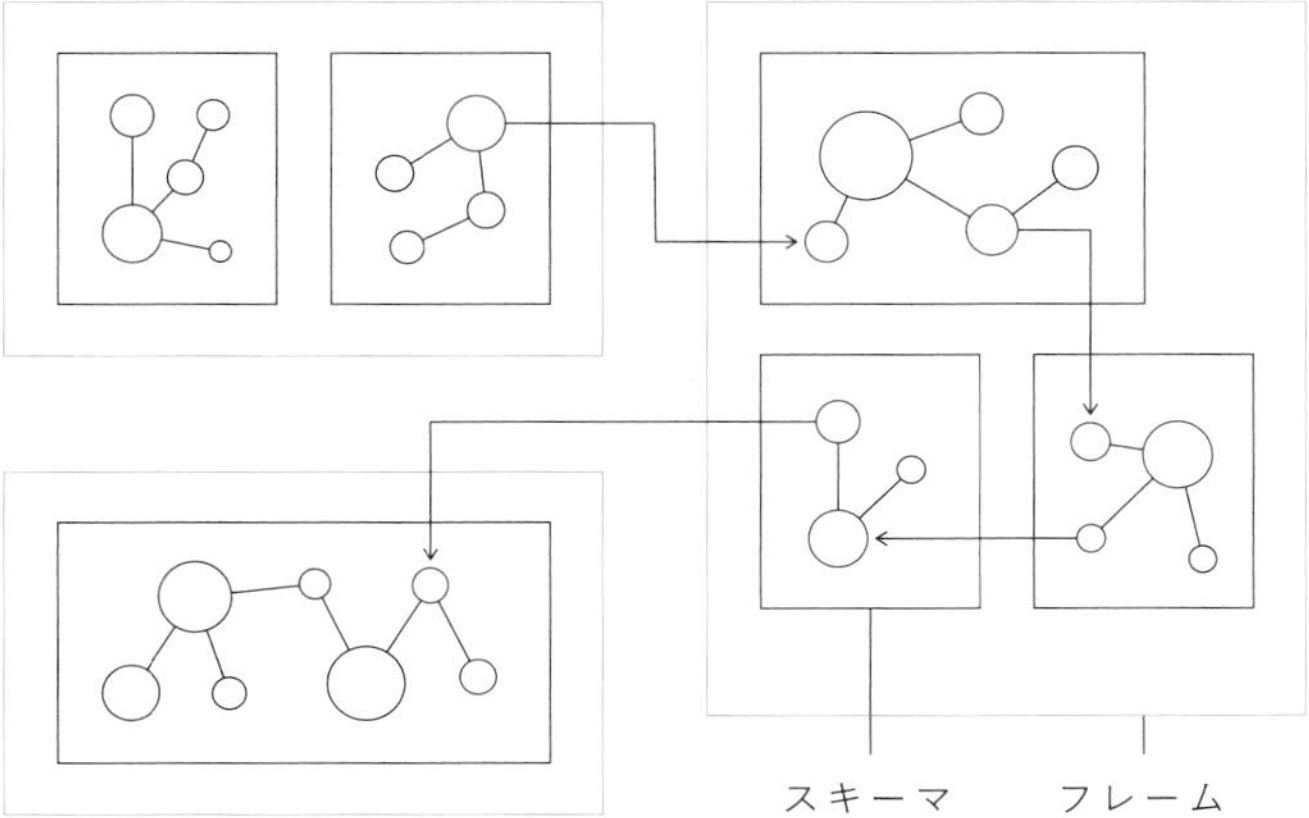

メソッド 03　情報の「地と図」

状態でいたい。「情報の乗り換え・持ち替え・着替え」というのは、フレームやスキーマの乗り換え・持ち替え・着替えを意図的に起こす状態のことでもあります。

その具体的な方法として、情報の「地と図」を見極めて動かしていく技法を体験していただきました。

ミンスキーは、フレームからフレームへ思考を飛び移らせるのは「アナロジー」の働き以外にない、と言いました（↓p.55）。

この「地と図の切り替え力」が「アナロジー」と大きく関係していることを、次のメソッドで見ていきましょう。

メソッド
04

たとえ話で突破する アナロジカル・コミュニケーション

何かが何かに「似ている」と思うことで、編集力は大きく動いていきます。見た目や様子が似ているだけでなく、構造や関係性の類似に着目して類推する思考が「アナロジー」です。アナロジーとは、「何をもって何とみなすか」(↓p.62)。つまり「何」と「何」のあいだの「関係の発見」から起動します。一見関係ないことがらに関係線を柔軟に結ぶには、情報が多面的に見えている必要があります。情報を多面的に見るためには、連想体質になること、もっと積極的に言えば、情報の「地と図」を見極め、「地」を動かして「図」の可能性を広げる力を持つことでしたね。

なるべくたくさんの角度から物事を見られるようになることで、それまで気が付かなかった組み合わせや結びつきが発見され、新たなものの見方が広がっていきます。

また、この「アナロジカル・シンキング」に強くなると、コミュニケーションの質が大きく向上します。面倒な説明をショートカットしたり、聞く側の想像力を広げたり、好奇心を触発して話に引き込んだりと、少ない言葉で多くの情報を動かせるようになります。

人は誰かと意思疎通しようという時、正確で完全な定義によってよりも、この類推によって何かにたとえながらざっくりと印象を交換することが多いものです。

「未知」のものを「既知」のものにたとえて、説明したり、理解したりする。

ここでは、「たとえ話力」を鍛えながら、コミュニケーションにおけるアナロジーの力を実感してみましょう。

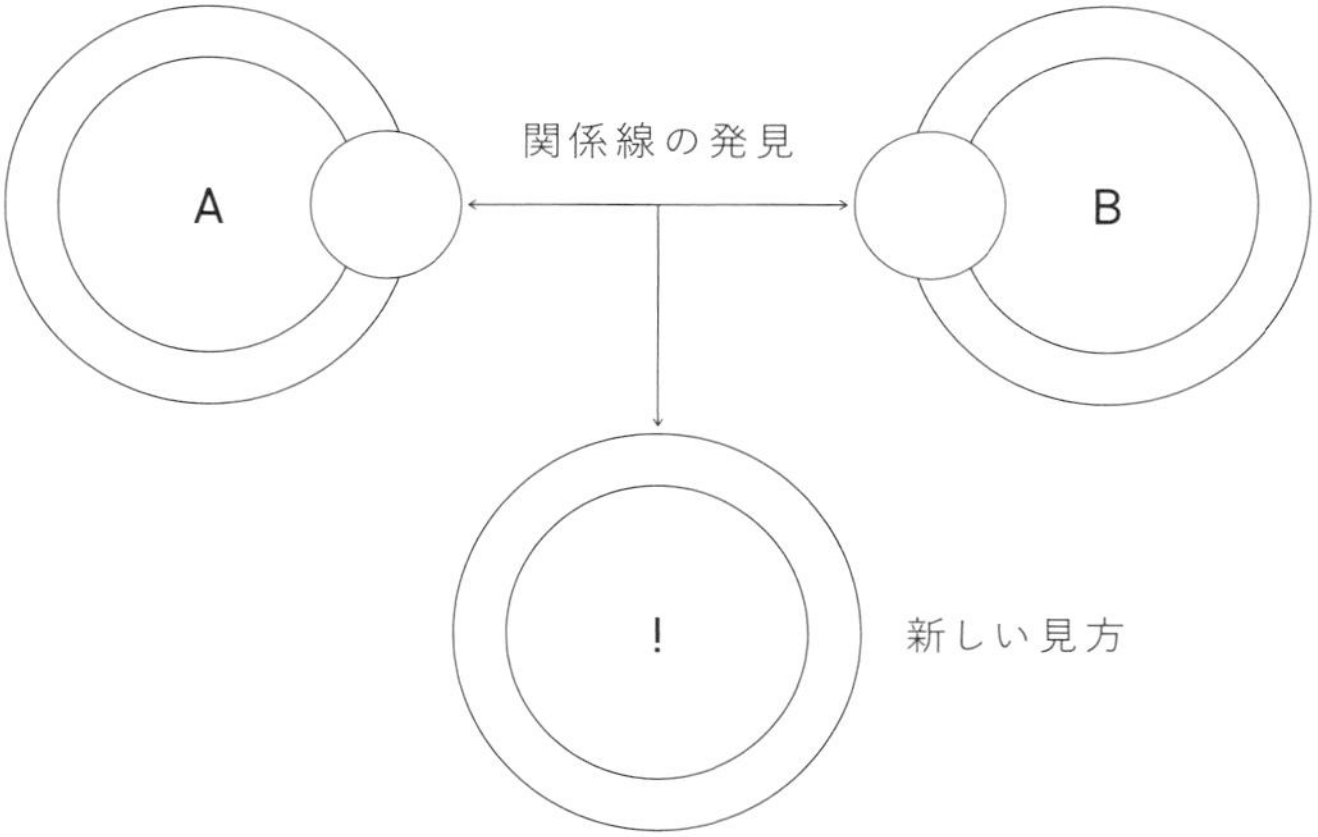

メソッド 04 アナロジカル・コミュニケーション

演習4▽アナロジカル・コミュニケーション

たとえてみたら

5歳の子どもにわかるように、以下を説明してください。「～みたいなもの」をうまく使って。(制限時間：5分)

A：インスタグラム　B：サービス残業　C：株価

Hint

▽大人の会話を聞いていた5歳の子どもに、「ねぇねぇ、カブカってなに？」と聞かれたところを想像してください。はぐらかさず、子どもがピンとくるように、答えられますか？　正確に説明しようとすればするほど、きっとイメージから離れていきますね。ここは、「～みたいなものだよ」と、上手なたとえ話／アナロジーで切り抜けましょう。

▽まずは、「これって5歳児が知っているものの何に似てるかな？」と思ってみることです。

Date:　　/　　/

Worksheet

演習4 ▷ アナロジカル・コミュニケーション

▷ 選んだもの

▷ 5歳の子どもへの説明

演習4▽アナロジカル・コミュニケーション　解説

「たとえ話」が上手い人は、コミュニケーションを円滑にします。学校で人気のある先生や、会社でチームを上手に動かすリーダーには、この「たとえ話」に長けた人が多いですね。何かを何かにたとえるアナロジーの力は、単に相手の理解を促すだけでなく、心を動かしたり、好奇心を引き出したり、場合によっては相手の中に新たなひらめきを起こしたりと、さまざまな余波を連れてきます。

この演習は、コミュニケーションにおいてアナロジーが持つ力を感じていただくものでした。

5歳の子どもが持っている語彙や世界像の中から似たものを探して、その構造を借りてきて、説明すべきものに当てはめてみる。言葉にするとまどろっこしいですが、こうした一連の思考が瞬時に動いていたと思います。

その時に、どこに着目するかで説明すべきことが違ってきます。たとえば「インスタ」であれば、「アルバムみたいなもの」とか「日記みたいなもの」といった機能の説明もあるでしょうが、「好きなものを見せてお友達に褒められると嬉しいでしょ？あれだよ」というユーザ心理を説明する切り口もあります。「サービス残業」は会社から見た説明か社員にとってかという立場の違いもありますし、良いこととするかダメなこととするかといった価値観も現れます。「株価」は企業にとっての意味を話したいのか、頑張って原理を説明しようとするのか、など。

ここでも、どこに「アテンション」を向けて、何を選び取ってくるかの「フィルター」が盛んに動いていたはずです。

そして、A↓B↓Cと、情報が複雑になっていることに気が付きましたか？「インスタ」はある事柄ですが、「サービス残業」は「誰に対してのサービスなのか」といった関係性が含まれます。「株価」にいたっては、市場原理のような複雑なものをどう説明するか。なかなかチャレンジングです。以前、「ポケモンカード」にたとえて上手に「株価」を説明した人がいました。

何かのモデルを借りてくることで、見た目の類似から何歩も進んで、複雑な構造まで表現できるのが、アナロジーの力です。

04

似たもの探し

柔らかな戦略思考「アナロジカル・シンキング」

アナロジーの最中には、以下のようなステップを踏んでいること、実感できたでしょうか？

1. 何かと何かが「似ている」と思う
2. （似ているものの構造を）「借りてくる」
3. （借りてきた構造を）「当てはめる」

似ているものを、借りてきて、当てはめる（↓p.65）。

「これが何に似ているか？」と思う段階で、せわしなく連想が動きます。「インスタグラム」や「サービス残業」や「株価」をさまざまに言い換えたり、周辺に連想ネットワークを張り巡らせたり。あれこれ苦労しながら、「何をもって何とみなすか」という照合を、何度もトライアンドエラーしたはずです。

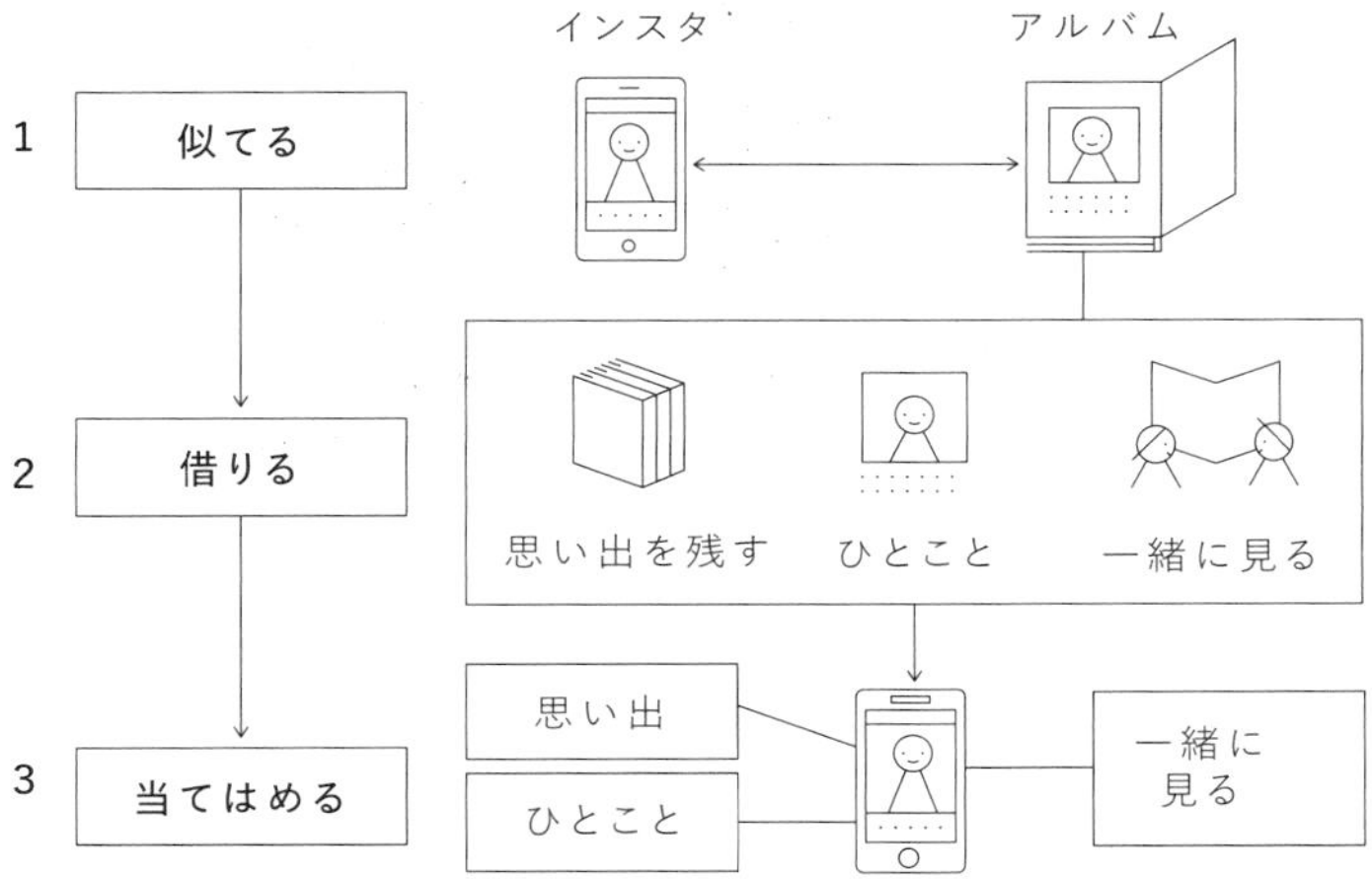

そこには、自分の見方が必ず介在します。「あなた」の中の5歳児の感覚と、インスタやサービス残業や株価に対する理解や印象がかけ合わさって、「何をもって何とみなすか」の歯車が動き、アナロジカルな発想と思考は抜け出る先を見つけていきます。

カイヨワが言うように、人間には「似たもの探し」に向かう本能が備わっているのです（↓p.76）。類似や相似を発見したときのときめきや痛快さが、アナロジカル・シンキングの原動力になります。

メソッド
05

新たな切り口で分類する軸の持ち込み

人類は、「わける」ことによって「わかる」状態をつくってきました。植物や動物の種類、学問のジャンル、図書館のラベル。スーパーでは商品が分類して陳列され、病院は外科や内科といった科にわかれ、企業は部や課に分けて組織を構成しています。

わたしたちが住む世界は、すでにありとあらゆる見方で分類されています。誰かによって「わけられた」世界で、特に疑問に思うこともなく、日々の暮らしを送っているのです。

当然のことながら、分類してラベリングしなければ大量の情報を把握することはできませんし、そのラベルが流通することによって、社会は機能しています。日頃空気のように受け入れている「わけられた」世界を、新たな切り口と分類軸を持って見直してみることで、これまでには見えなかった理解や洞察が得られることもあります。

たとえば、スーパーでは別の売り場にあるはずの「下着」と「歯ブラシ」が、コンビニでは隣に置かれていたりします。「お泊り用品」に分類されているのでしょう。一方、コンビニでは別の棚にある「花火」と「ビーサン」が、ドン・キホーテの店頭では一緒に売られていました。こちらでは「海遊びグッズ」なのですね。

このように、何を切り口にするかで、分類が変わります。分類が変わることで、その情報の意味づけが変わっていくのです。


「新たな軸を持ち込む」ことによって、のっぺりした情報が何かのメッセージを持ち始める。

次の演習では、見慣れた風景に、新しい見方を立ち上げていただきます。

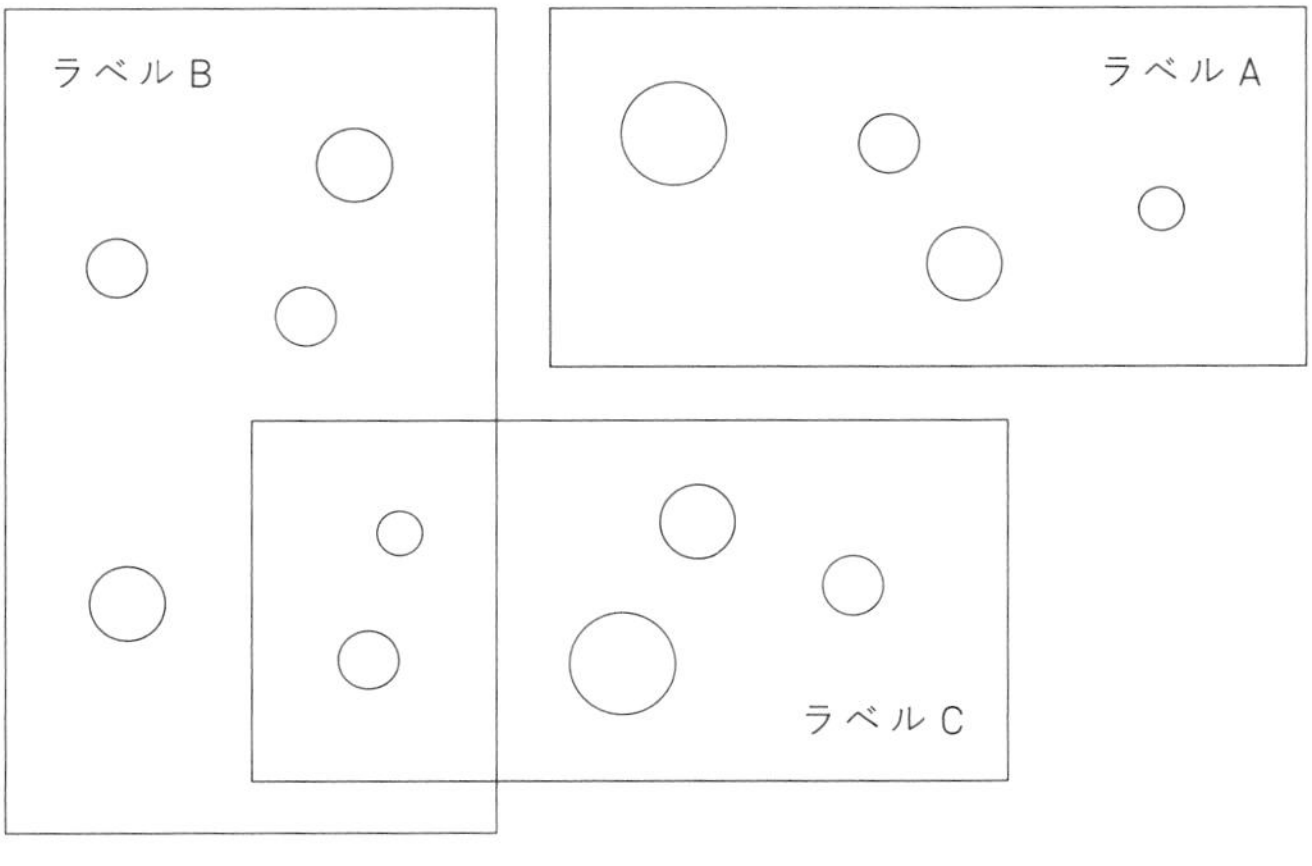

メソッド 05　軸の持ち込み

演習5▽新たな軸の持ち込み

分類あそび

演習1の「部屋にある好きなもの・いらないもの」を全部まぜて、3~5つのグループに分類してください。その時に、まったく異なるジャンルの分類軸を割り当ててください。

(制限時間：10分)

Hint

▽何かしらの既存のカテゴリーを、分類軸として持ち込んでみましょう。あるいは、それぞれの情報の間の類似点と相違点を探りながら、粗いグルーピングを施して、分類軸を抽出する。この両方からの行ったり来たりで、なるべく面白く、意外な切り口を見つけてください。遊びごころを大切に！

Date:　　/　　/

Worksheet

演習5 ▷ 軸の持ち込み

▷ 持ち込む分類軸（何で分類する？）

▷ 分類（グルーピングを書き出します）
3～5つ程度のグループに分けてください

演習5▽新たな軸の持ち込み　解説

部屋の中の「好きなもの」「いらないもの」のラインナップを眺めてみて、うっすらとでも、なんらかの情報の突起や、ふと目につく関連性などが見えてきたら、そこにすかさず「軸の仮説」を当ててみます。

「しまう場所」や「使いみち」などのふつうの分類から抜け出て、面白い切り口が見つかりましたか？　松竹梅にしてみるのはどうか、トランプのマークで分けてみようか、「ワンピース」のキャラクターを持ち込んだらどうなるだろう……。

うまくはまらなかったり、何かが余ってしまったら、また新たな仮説を探してくる。この試行錯誤の過程で、情報の組み換えが起こって、ものの見方が動いていきます。遊びごころを持って斬新な分類にチャレンジする中で、気が付かなかった共通点が見えてきたり、自分の好みの新しい発見があったりもするでしょう。

ピタリとうまくはまっている分類軸は、そこにさまざまなメッセージも浮かび上がります。編集工学研究所では、編集プロセスの重要な要素として情報の分類に力を注ぎます。この分類編集こそが、プランニングの骨格を形成するものにもなりえるのです。

たとえば、理化学研究所と一緒に取り組んだプロジェクト「科学道100冊」では、科学者の思考プロセスになぞらえた6つのステップ（はじまりは疑問・はてしない収集・導かれたルール・めくるめく失敗・まるで魔法・未来のはじまり）で、100冊の本を分類しています（↓p.292）。無印良品の店頭で展開する「MUJI BOOKS」では、「料理のさしすせそ」になぞらえた「さ（冊）し（食）す（素）せ（生活）そ（装）」という分類軸をつくって、書棚を展開しました。

既存のジャンルに斜めがけするような異質な分類軸を持ち込むことによって、新たな関係線や意味付けが現れます。「あなたの部屋にある好きなもの・いらないもの」という、とっくに日常に溶け込んでいるものが、新たな分類軸によって少しでも違う見え方がしたなら、この演習はハナマルです。見慣れた情報の特異性に気づき、しっくりくる仮説を持ち込む感覚を、ぜひいろいろな事象に応用してみてください。

第2章からのヒント

05

「あてずっぽう」のすすめ

ゆきづまりを突破する「アブダクション」

この切り口や分類軸を見つける時に、アブダクションが動きます（↓p.79）。情報に当たりを付けて、しっくりくる軸が見つかるときには、アブダクションの推論プロセスを通っているはずです。チャールズ・パースがつくったアブダクションの公式を覚えていますか？

アブダクションの公式

1. 〈驚くべき事実C〉が観察される
2. しかし〈説明仮説H〉が真であれば、〈C〉は当然の事柄であろう。
3. よって、〈H〉が真であると考えるべき理由がある。

この公式を、演習5の分類編集に当てはめると、こんな感じでしょうか。

1. 「おや？」と思う。（↓情報群の何かの特徴に気がつく）

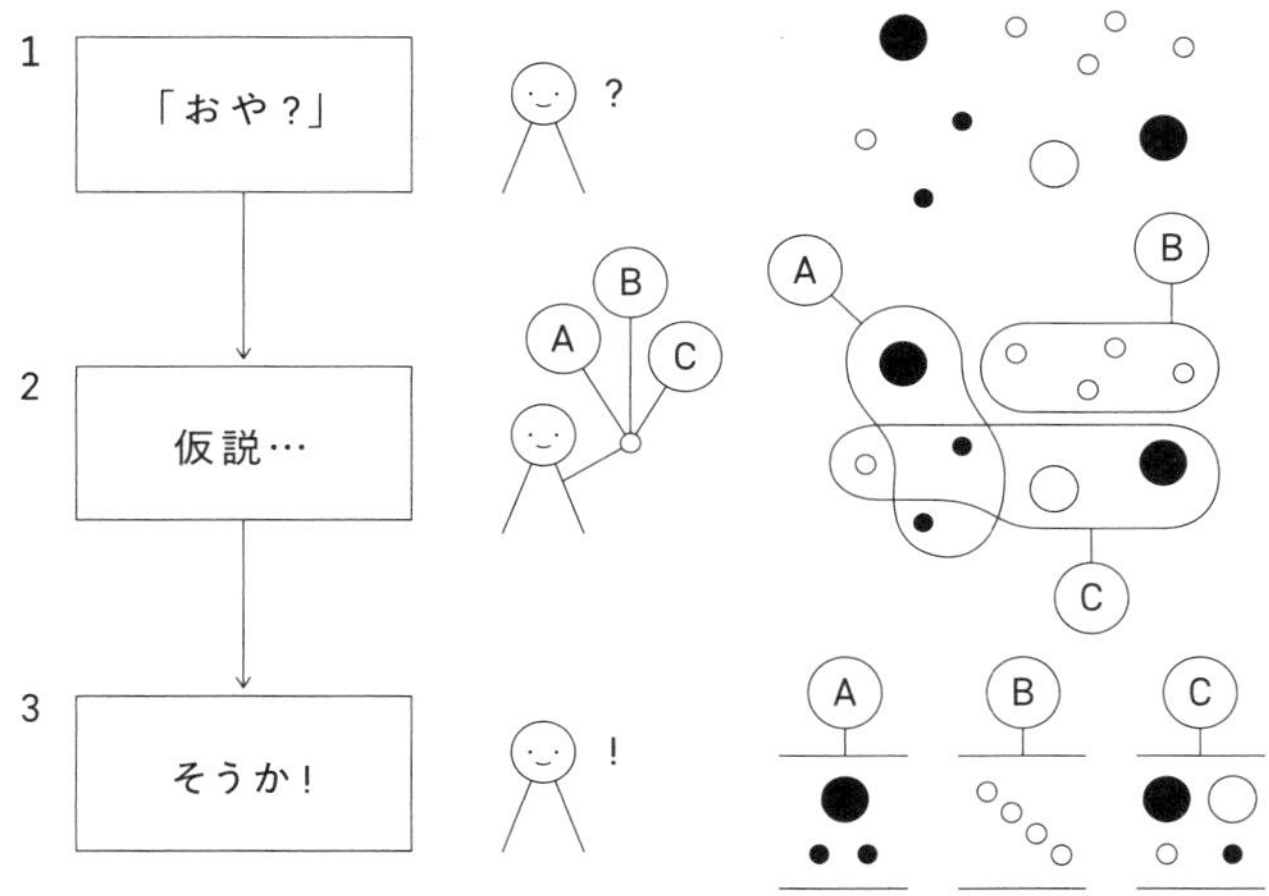

メソッド　05　軸の持ち込み（アブダクション）

2. 〈説明仮説H〉（↓持ち込んだ分類軸）を当てはめれば、その特徴はしっくり収まる
3. そうか、〈H〉で分けるとこんな見え方がするのか！

この最後の発見にいたれれば、アブダクティブな示唆が分類によってもたらされたということです。

情報に異質な切り口を持ち込む感覚は、仮説的に推論する、という思考のひとつの現れです。パースの「発見の論理学」を、少し体感できたでしょうか？

メソッド
06

組み合わせて意味をつくる
三点思考の型

目の前の情報を、ざっくりと分ける分類の感覚を掴みましたね。3つに分けるのか、4つや5つに分けるのかで、分類にガラリと入れ替えが起こります。最初に分ける数を決めておく、という方法もあります。ここでは「三つの容れ物に情報を収める」プロセスを通して、「型」が引き出す情報の可能性を感じていただきます。

何かを簡潔に伝えたい時、「ポイントは3つ」と置いてみることで、言うべきことが引き出されて論点がすっきり整理されることがあります。言いたいことはいくつもあるのだけれど、ひとまず三点に収めてみる。

わたしたちは、何かを代表させたり、際立った特徴をまとめて表したい時に、「三」という数をよく使います。「三大美女」や「三大珍味」、「御三家」や「三種の神器」など、三つで語られるものをあげていったらきりがありません。

概念はたいてい「一対」になって発生します。善と悪、明と暗、天と地、白と黒、陰と陽、雄と雌、表と裏など。この一対にひとつ情報を足すと、とたんにイメージが動き出します。プラス1が、新たな情報の「地」を想定させるのです。

逆に、一対では不安定な情報が、ひとつ足すことで安定して、全体のバランスが取れることもあります。

人間が「三つセット」が好きなのは、このような三という数字が持つ拡張性と安定力によるのでしょう。

ここでは、「三点思考」の型を使って、思いがけないアイデアが引き出される感触を掴みましょう。

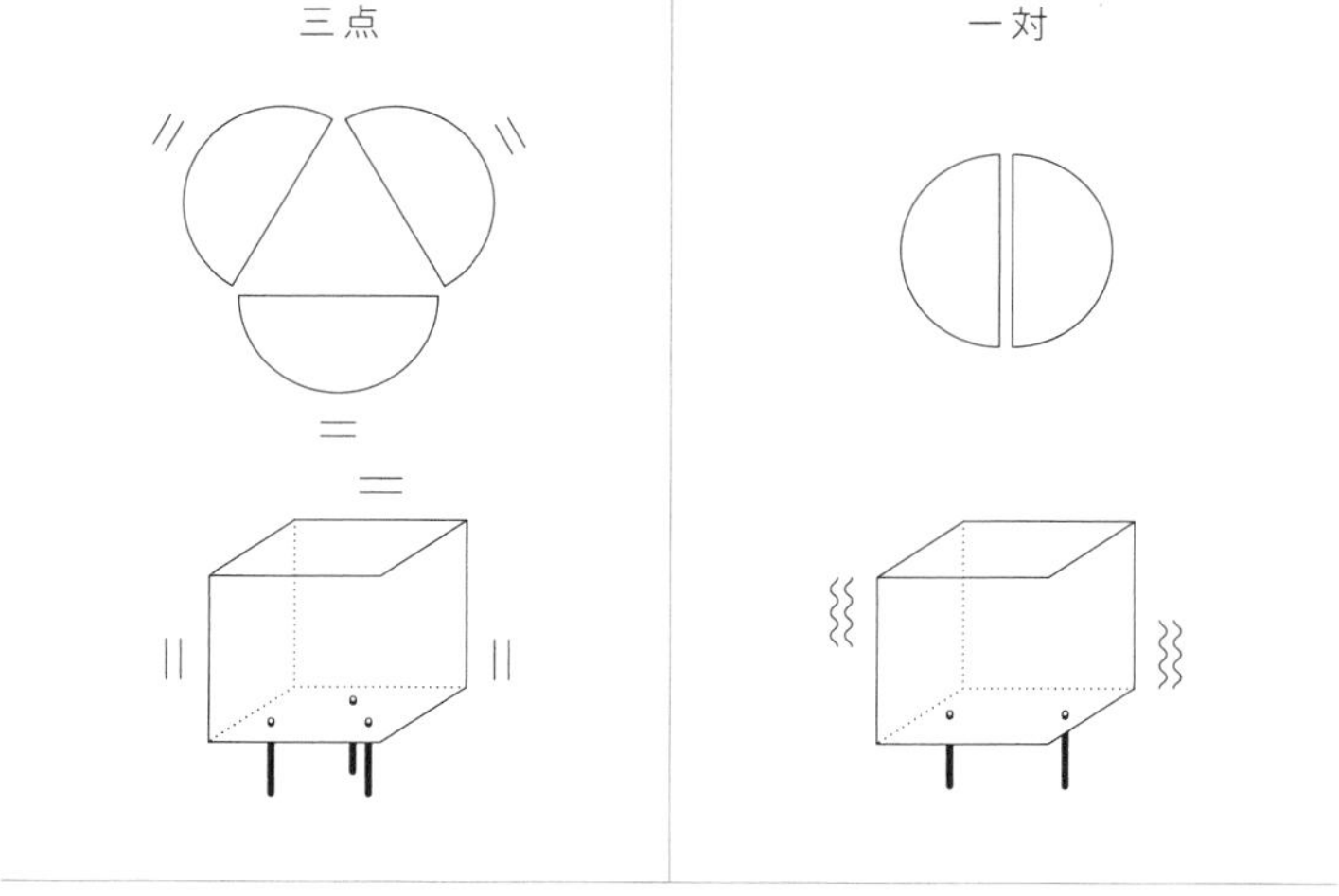

メソッド 06 三点思考の型

演習6▽**三点思考の型**

3点セットで自己紹介

演習1の「部屋にある好きなもの・いらないもの」を使って、自己紹介をしてください。「三点思考の型」を使って組み合わせ、そこに「あなたらしさ」が現れるようなタイトルをつけます。三つ全部に演習1の情報を使わずとも、どこかに新たな連想を入れてもOK。

三点思考の型

・三位一体　↓3つで一揃い（同じ力で引き合う3つ）
・三間連結　↓ホップ・ステップ・ジャンプ（順番のある3つ）
・二点分岐　↓ぱかっと分かれる（ひとつからふたつに分かれる）
・一種合成　↓組み合わせから生まれる（ふたつがひとつに）

Date:　　/　　/

Worksheet

演習6 ▷ 三点思考の型

▷ 三位一体　Title「　　　　　　　　　」

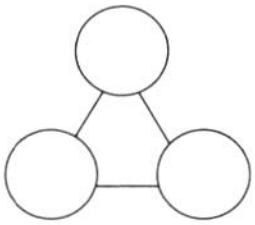

▷ 三間連結　Title「　　　　　　　　　」

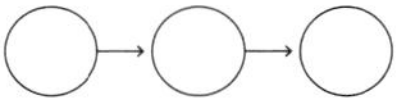

▷ 二点分岐　Title「　　　　　　　　　」

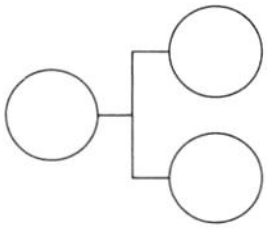

▷ 一種合成　Title「　　　　　　　　　」

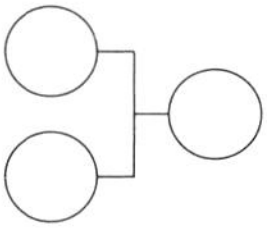

演習6▽**三点思考の型**　解説

ここでは「三つのセット」のフォーマットを使って、思わず知らず引き出される思考、を体感してもらいました。同じ三つセットでも、組み合わせ方によってずいぶんと表現されるものが変わります。

自分の部屋にある「好きなもの・いらないもの」を使って自己紹介をしてくださいと言われても、そこに何も「型」がないと、どこから手を付けたらいいか、何を表現したらいいのか、迷いますね。

「三」という数字の力を活用した「三点思考の型」を介在させることで、編集のとっかかりをつかめるだけでなく、新しい見方が引き出されることもあります。さらにそこにタイトルをつけることで、何かしらの特徴やメッセージがふわりと浮き上がります。

「三点思考の型」によって新しい見方を引き出す際のコツは、最初から頭の中で3つに収まる情報を完璧に探そうとしないことです。まず、いずれかの型に当たりをつけて、そこに何らかの情報を置いてみると、空いたところに自分の連想が引き出されていきます。

たとえば先程から登場している「有田焼のマグカップ」。「三位一体」に置いて眺めてみると、「チョコとお香」が思い浮かびました。「休憩タイム」のイメージです。「三間連結」では、「コップ↓マグカップ↓ビアグラス」で「リラックス具合」(最後はビール!)。「二点分岐」なら「コーヒーとホットミルク」で「起き抜けと寝る前」(思えばこのふたつを飲んでます)。「一種合成」は「マグカップ+iPhone」で「即席スピーカー」(iPhoneを空のカップに突っ込むとエコーがいい感じ)……などなど。いずれも、最初から三つセットと認識している組み合わせではなく、「型」によって引き出されたアイデアや情景です。

「三点思考の型」を使ってイメージを広げ、「タイトル」を考えながら「つまり……」とイメージを絞り込んでいく。非常にコンパクトな、「連想と要約」のトレーニングです。

06 文脈に導かれる

いい塩梅を捉える「アフォーダンス」

イメージやアイデアといったものは、何もないところから突然湧き出てくるものではなく、無意識のうちにでも何かによって引き出されていることがほとんどです。その「引き出される状態」を意図的につくる。それが「型」によって可能になります。「型」が思考をアフォードする。イメージや思考のアフォーダンスとも言えるでしょう（→p.99）。

三点セットをつくる中で、情報がアフォードされる感覚を体感できたのではないでしょうか。ひとつを埋めると残りのふたつの可能性が動き、もうひとつ埋めるとのこりのひとつにイメージが引き出される。あれこれ入れ替えながら、ちょうどいい距離感同士の三点セットをつくっていったことと思います。そういった、型とイマジネーションの相互作用によって、想定内のイマジネーションを超えたアイデアが引き出されていくのです。

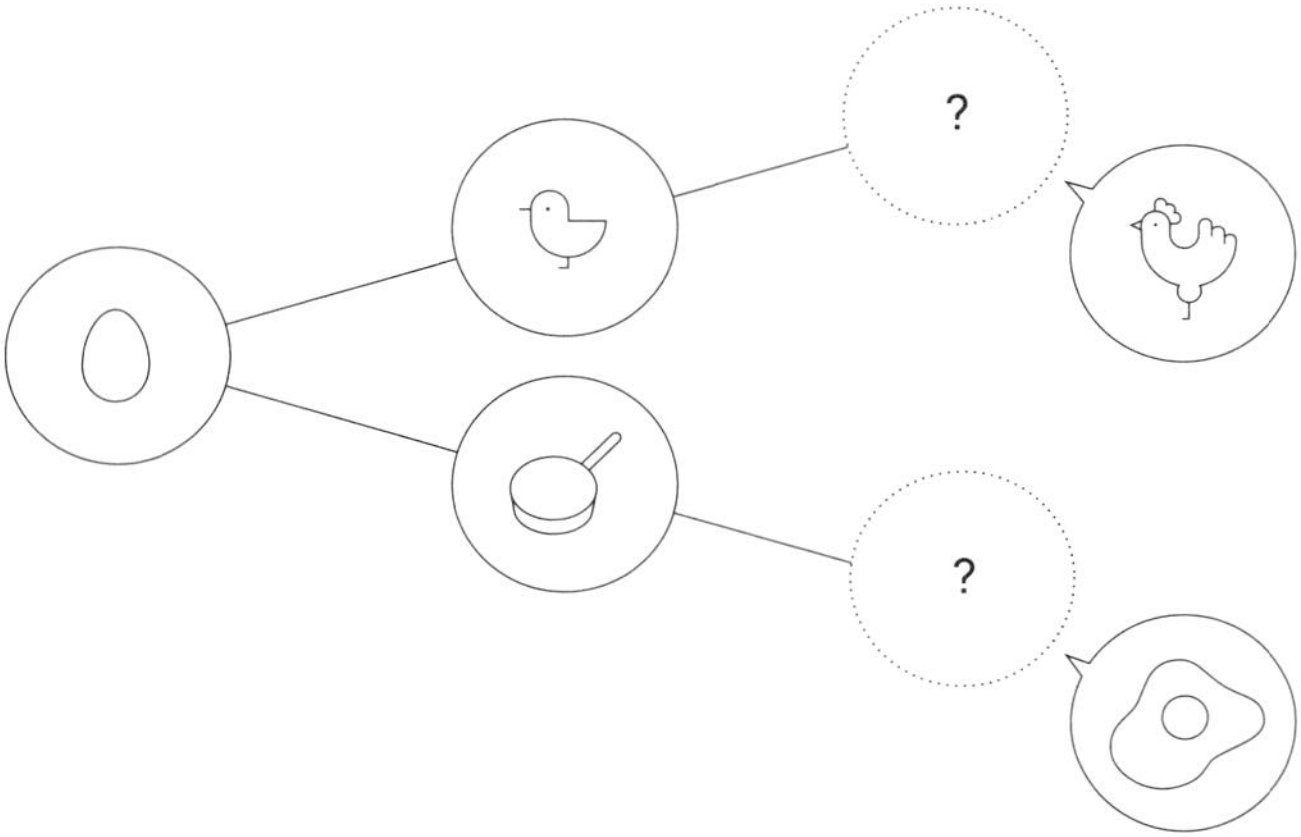

メソッド 06　三点思考の型（アフォーダンス）

すべてを思考がコントロールしているのではなく、こうして「型」によって引き出されていく思考がある。だとすれば、「型」は存分に活用するべきです。

フレームワークとして多くの思考の型が流通していますが、基本的で汎用的なものとして、この「三点思考の型」を活用するといいでしょう。

イシス編集学校では、この4種類の型に「二軸四方」というマッピングの型を加えて「編集思考素《へんしゅうしこうそ》」と呼んでいます。「思考の素」が、まだ見ぬイメージをアフォードするのです。

メソッド 07

原型から価値を見出す
アーキタイプ連想

「アーキタイプ」とは、「原型」もしくは「元型」のことで、文化や民族で共有しているイメージのおおもとにあたるものです。ユング心理学では、人間の無意識の奥で動く人類の普遍的な観念を「アーキタイプ（元型）」と言い、神話や物語や儀礼、あるいは個人の夢や幻想の中にあらわれるイメージや象徴の源として見られるものとしました。

ここでは、さまざまな事象の「原型」（文化や民族で共有しているイメージのおおもと）を探り、そこからの連想によって新たな価値を発見する方法を練習しましょう。手順は、次のような形です。

1．あるテーマのアーキタイプ（原型）を考える

→そもそも、それって何なのか？　おおもとにあるイメージを探ります。

2. アーキタイプ（原型）から連想を広げる

→おおもとのイメージの「地」を動かしながら、多面的に連想を広げます。

3. アーキタイプの連想とテーマを照合する

→連想された情報とテーマを見比べて、アーキタイプにはあってテーマにはないものを考えてみます。

4. テーマの不足や可能性を発見する

→3の照合からみえてきた不足や可能性を、未来に向けた提案にします。

何かをもっと良くしたい、可能性を探りたいと思う時、たいていは現時点からの改善策を考えます。そこに「アーキタイプに潜って出てくる」という一手間を加えることで、「本質」に向かう思考が力強く動きます。

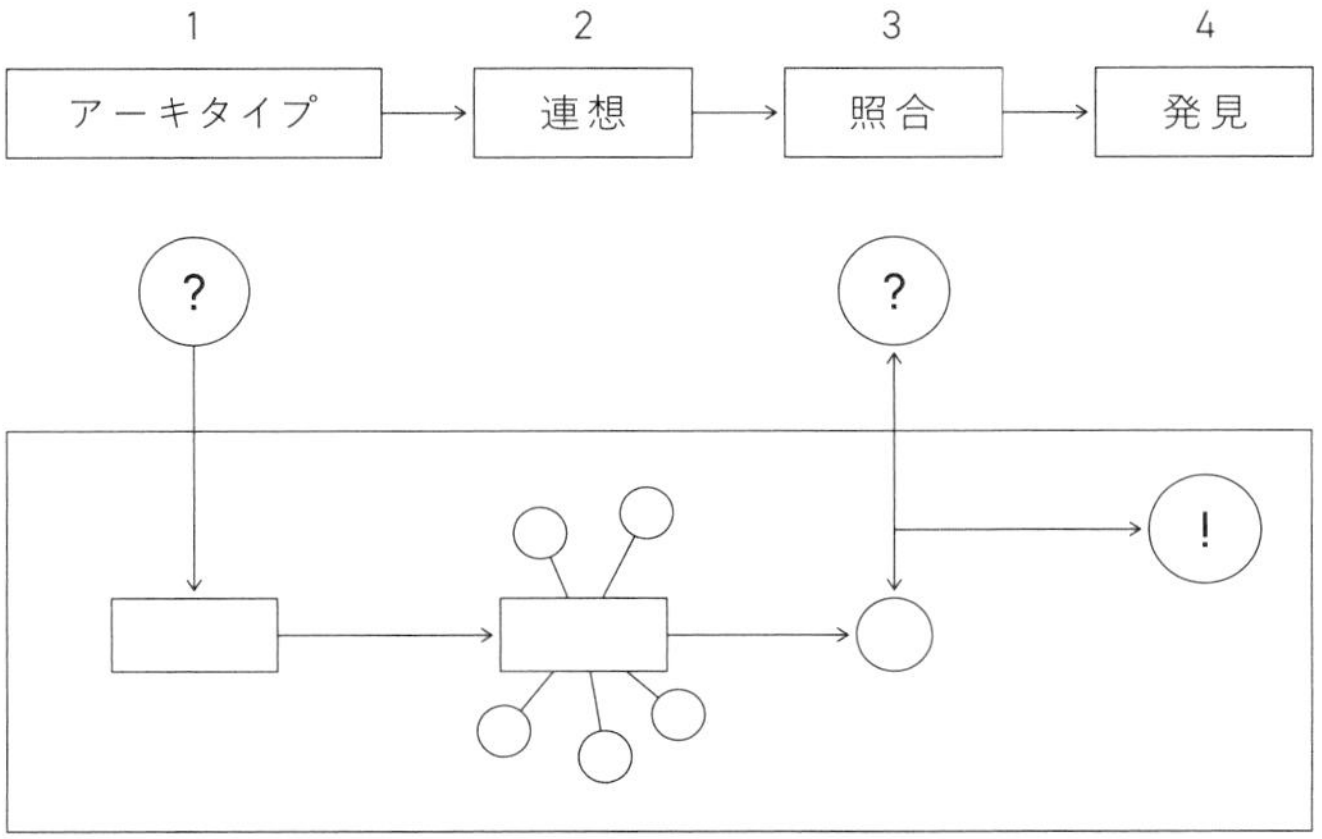

メソッド 07 アーキタイプ連想

演習7▽アーキタイプ連想

そもそも思考

「アーキタイプ連想の型」を使って、以下を「もっといいもの」にしてください。

A：スマホ　B：就活　C：コンビニ（どれかを選ぶ）

Hint

▽アーキタイプは、時間軸をさかのぼって「起源」を探ってみてもいいですし、「つきつめて言えば、〜のようなもの」と言える原型性を捉えてもいいでしょう。そのときに、どんな切り口に注目するかで、取り出されるアーキタイプも違ってきます（step 1）。

▽アーキタイプを思い浮かべて、そこから連想を広げてみましょう（step 2）。

▽アーキタイプにはあって、選んだテーマにないものはありますか？（step 3）

▽アーキタイプとテーマを見比べて、「もっとこうだったらいいのに」という新しい可能性や改善点を見つけてみましょう（step 4）。

Date:　　/　　/

Worksheet

演習7 ▷ アーキタイプ連想

▷ 選んだもの

▷ アーキタイプ連想

Step 1）あるテーマのアーキタイプ（原型）を考える

Step 2）アーキタイプ（原型）から連想を広げる

Step 3）アーキタイプの連想とテーマを照合する

Step 4）テーマの不足や可能性を発見する

演習7▽アーキタイプ連想　解説

ぴったりくる「アーキタイプ」は見つかりましたか？　正解・不正解はなく、自分のイメージとして何を思い浮かべたかが重要です。「アーキタイプ」に当たりをつけるところが、なかなか難しかったのではないでしょうか。加えて、その後の「連想」と「照合」のステップから新しいイメージに抜けて出るところまでの手続きが、なかなか複雑です。そのため、演習としては難易度が一気にあがりますが、使いこなせれば強力な発想のサポーターになりうる実践的な型です。

実際どんな思考のプロセスになるか、演習の例で見てみましょう。「それって、つまり何？」という問いを、深堀りして浮上してくるイメージです。

step1．たとえば「コンビニ」のアーキタイプは何かと考えるとします。オーソドックスには「商店」や「市場」、何でも揃っているから「万屋」、あるいは遠出せずに買い物ができるという点に注目すれば、「行商」などと考えてみてもいいでしょう。お菓子が好きな人は「駄菓子屋」を思い浮かべたかもしれません。

step2．では「駄菓子屋」から連想を広げます。「駄菓子、あたりくじ、宝釣り、おばちゃん、十円玉、小学生、放課後、友達……」

step3．この連想と「コンビニ」を改めて照合します。「駄菓子屋にあって、コンビニにないものは……？　コンビニには、名前で呼んでくれるおばちゃんがいない。小学生が放課後に集まる場所でもないな。」

step4．「アーキタイプ」から戻ってきた視点で、改めてコンビニの新しい可能性を探ります。「駄菓子屋みたいに、小学生が放課後に友達と集まれる場所にコンビニがなるとしたら……。ボランティアの大人が〝おばちゃん〟の役をしてはどうだろう。子供の居場所づくりと、地域老人の社会参加の場づくりが同時にできたりして。」などと、妄想は広がります。

「そもそもコンビニって何？」「本当はどうあってほしい？」という本質を問う視点を、アーキタイプのイメージを借りることで日常的に持つ型「アーキタイプ連想」の練習でした。

07

原型をたどる

前提ごと問い直す「そもそも思考」

わたしたちはたいてい、日常に溶け込んでいるさまざまなものを、「そういうものだ」という通り一遍の理解ですませています。いちいち本質を問う視点を持とうとしたら、周辺に流通する大量の情報を処理しきれませんから、現代のライフスタイルとして、それはそれで理にかなっているのでしょう。

ただし、その流れに身を任せていると、「ステレオタイプ（典型）」の記号的な理解で世の中を見る方向に、どんどん思考が引っ張られていきます。背景にあるアーキタイプを問わなくなる社会は、「パンとサーカス」現象の危機にさらされることになります（↓p．131）。

「スマホとは何か」「就活はなんのためにしているのか」「コンビニにはどうあってほしいか」など、「そもそも、それって……」といつでも自在に捉え直しができる状態にしておくことで、世の中をどう見るのかという軸を自分の内側に携えることができ

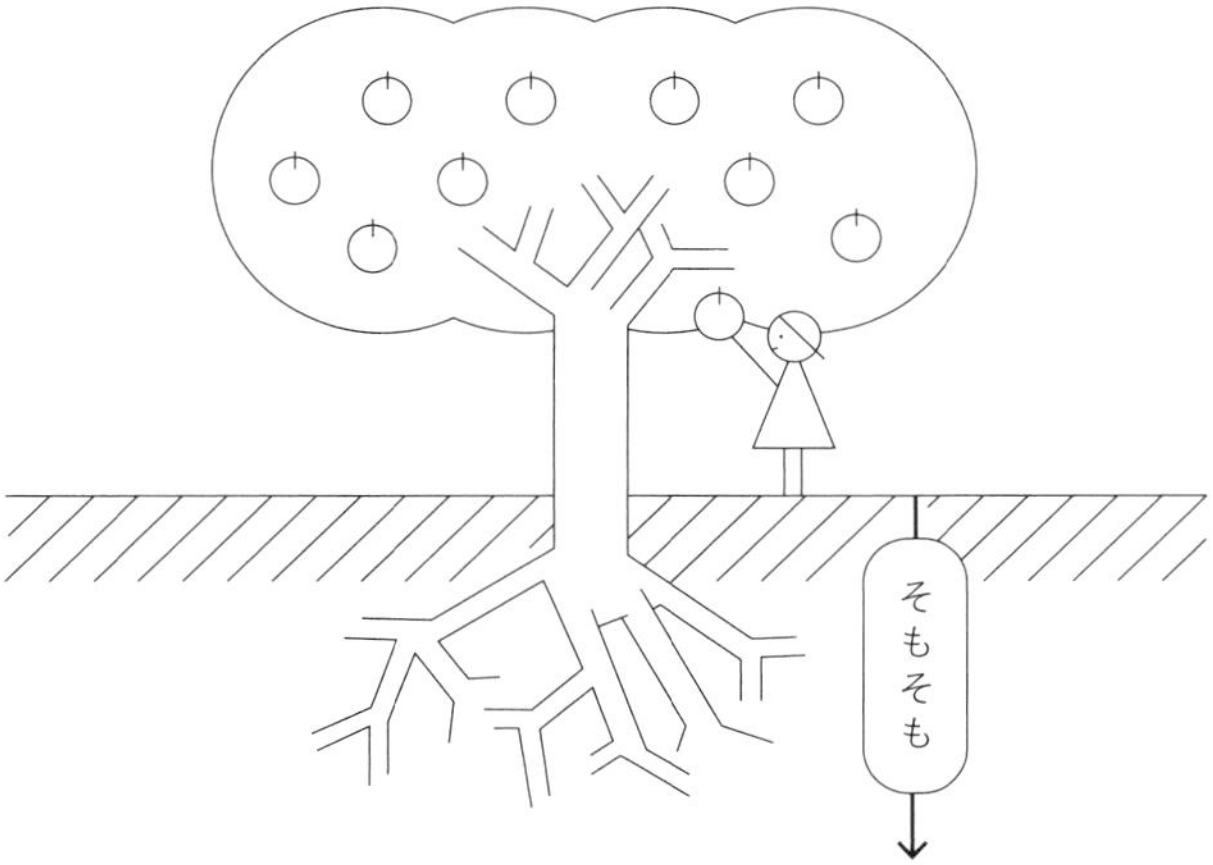

メソッド 07 アーキタイプ連想（そもそも思考）

るようになります。無自覚にステレオタイプに流されることなく、アーキタイプを自覚して、必要に応じて本質を捉える。見通しの悪い現代において、この種の「そもそも思考」は必携の能力となるはずです。

あわせて、自分の思考や習慣や観念を形作っている「フレーム」や「スキーマ」から一旦出て、新たな目で世界を見る。その「アンラーニング」のプロセスを起動する上でも、「アーキタイプ連想」は大いに機能するものです。

メソッド
08

優れたモデルを借りてくる見立ての技法

「見立て」とは「たとえ」「比喩」「メタファー」のことです。

一見関係ない事柄を別の事柄に当てはめて理解する、疑似同型的なイメージの転位のことを言います。「何かを何かとみなす」「何をもって何とみるか」ということです。アナロジー（類推）やアブダクション（仮説形成）とも大いに関係があります。

メソッド4の「アナロジカル・コミュニケーション」では、5歳の子どもにわかるように「たとえ話」をしてもらいました。そこでは「インスタ」や「株価」を何かに「見立て」て、説明しましたね。この場合は、（子どもに）「馴染みのないもの」を説明するために「馴染みのあるもの」のたとえを用いました（→p．224）。

ここではその方向を逆転して、「馴染みのない」たとえを用いて「馴染みのあるもの」

を説明してみます。そうすることで見方にゆらぎを起こして、凝り固まったイメージに揺さぶりをかけることができます。

このように、別のモデルを借りてきて認識の幅を広げたり、新しいアイデアを膨らませたりする上でも、「見立て」は有効です。

見立てる過程では、アナロジーやアブダクションやアフォーダンスといった「編集の３Ａ」が縦横無尽に動きます。

当たり前になっている風景を新たな目で見直すための道具として、見立ての技法を持っておきましょう。

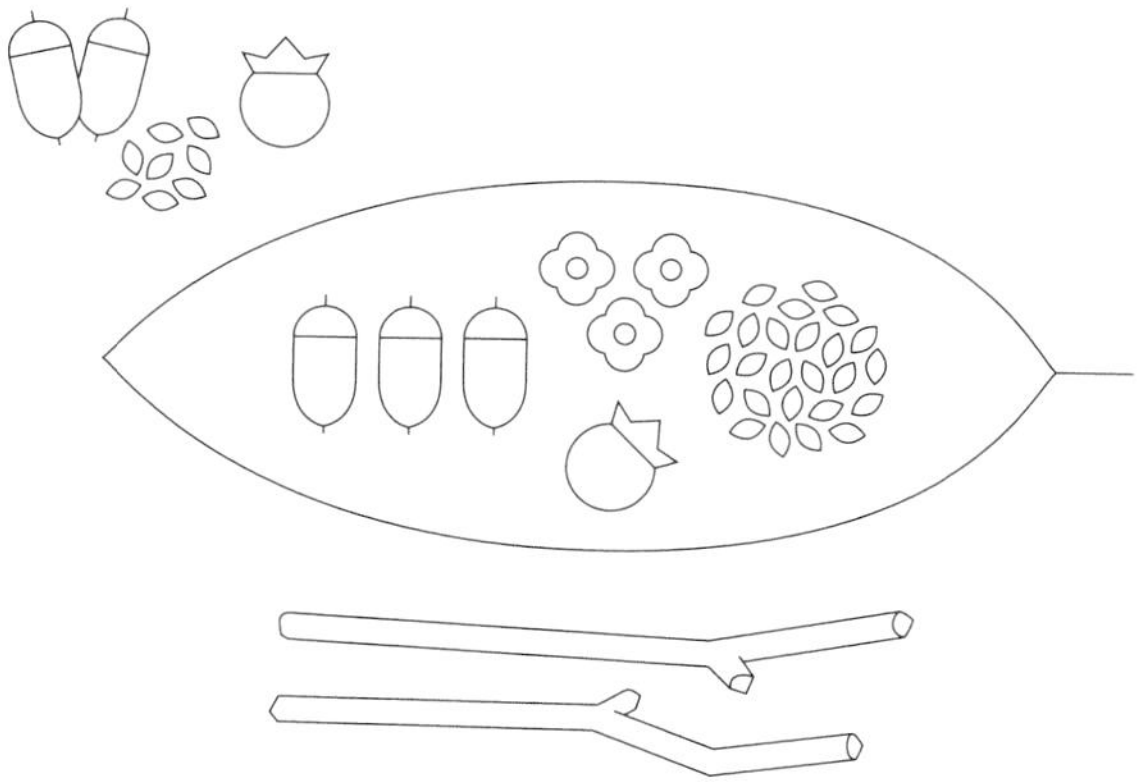

メソッド 08 見立ての技法

演習8▽**見立ての技法**

見立てると見えてくる

演習3（→p.216）で選んだもの「A：会議　B：結婚式　C：育児」を何かに見立てて、より面白いものにしてください。以下の「型」に当てはめて考えてみて下さい。

見立ての型：「「　　」とは〇〇のようなものだ。なぜなら……」

※「　　」＝選んだもの／〇〇＝見立て／……＝導かれた新たな見方

Hint

▽なるべく具体的な事象で、かつイメージが遠いものを持ってくるほうが、思い切った見立てになります。特徴を当てはめる、構造のモデルを借りる、「らしさ」を引っ張ってくる。見立てるものを連想して照合する中で、自分の好みや理想や考え方が出てきます。そこを重視しましょう。

▽導かれた新たな見方によって、選んだものがどう面白くなるか、考えてみてください。

Date:　　　/　　　/

Worksheet

演習8 ▷ 見立ての技法

▷ 見立ての型に当てはめる

[　　　　] とは○○のようなものだ。

なぜなら……

演習8▽見立ての技法　解説

この演習で使った選択肢は、演習3の「地と図」の技法で、「地」を変えながらさまざまに言い換えをしたものです。この準備体操で思考を柔らかくしておくと、見立てに入るときもイメージが広がりやすいことがわかるでしょうか。関係線の発見には、情報を多面的に見る習慣が必要、というのはこのことです。

選んだものの見立てはうまくいきましたか？　ちょっとヘンなもので見立てたほうが、イメージが広がりやすかったりします。見立てたりたとえたりするときは、なるべく遠くから情報を持ってくる。これを意識すると、発想の跳躍力がずいぶんと変わってきます。

以前ある研修で、「会議」を「黒ひげ危機一発（ナイフを刺すと海賊が飛び出すゲーム）」に見立てた人がいました。

「［会議］とは［黒ひげ危機一発］のようなものだ。なぜなら、新しいアイデアは、誰の意見がきっかけで飛び出すかわからない。」

なかなか上手ですね。「黒ひげ危機一発」とは、会議とは縁もゆかりもないものですが、こうして見立ててみると、見慣れた会議のイメージがちょっとしたゲームの緊迫感とともに動き始めます。

そういうイメージが一度できると、「アイデアが飛び出すまでは全員持ち回りで発言する」とか、「ナイフをグッと奥まで刺すように発言もしっかり踏み込まないと次にいけない」とか、「発言がぜんぶアタリじゃなくてもいいんだよね」とか、ゲームにある細部の特徴やモデルを借りてくることで、芋づる式に新しい会議のイメージが引き出されていきます。

出来のいい仮説は「一度に複数の突破口をあける」(→p．94)のでしたよね。アブダクションがうまく働くと、生き生きとした見立てが引き出されます。

自分が「こうだといいな」「こうなるともっと面白いな」と思うイメージを、何か具体的なものに肖りながら引き出して膨らませる。「見立て」もまた、寄物陳思メソッドです(→p．156)。

第2章からのヒント

08

「らしさ」に着目する

見えないものを「価値」に変える

「見立て」や「メタファー」や「比喩」によるコミュニケーションは、世界のどこにもあるものですが、日本はことさらに「見立て」を多用してきた文化とも言えます。「不足を想像力で補う」「心にてふさぐ」ことを重視し得意としてきた日本では、何かに寄せてイメージを立ち上げる「見立て」の技法が発達してきました（↓p. 162）。

石と砂だけの「枯山水」は、川や海に見立てることでイメージの中に水を出現させます。利休の草庵は「市中の山居」の見立てによって、都会の喧騒の中の閑居、日常の中の非日常を演出しました。落語では、扇子が箸にも煙管にもなり、手ぬぐいが財布にも本にもなる。お弁当ではウィンナーが「タコさん」に、りんごが「ウサギさん」になったりします。

わたしたちの認識は、必ずしも物事を正確に見ることを目指しているとは限りません。何かをざっくりと見立てて、擬似的な同定を交換することで、生き生きとしたコ

メソッド 08 見立ての技法

ミュニケーションを実現しようとしている。そこで交わされているものは「らしさ」であり、そこに動いているのは「略図的原型」です。

このような語りにくく、見えにくいものの価値を共有する上で、「見立て」が有効に機能します。そして、「何が」という主語の類似性よりも、「どのような」という述語の重なりに、見立ての面白さがあります（↓p．146）。主語的統一よりも述語的統一を基軸とする日本において、「見立て」は早く深く豊かなコミュニケーションのための技法として重宝されてきました。

メソッド
09

好奇心を触発する
開け伏せ具合

伏せることで、想像力を触発し、好奇心を引き出す。

目前の情報と自分の頭の中のイメージが混ざり合うところに、さまざまな疑問や好奇心が生まれます。疑問や好奇心が芽生えたところに、想像力が動き出す、と言ってもいい。いずれにしても、そのためには情報を一旦「伏せる」ことが有効です。

人の記憶領域には、ウチとソトの情報が混ざり合う踊り場のような場所があります（→p．172）。そこをうまく活性化することで、生き生きとした好奇心を立ち上げたり、情報を心に残りやすくすることができます。

何かの情報がインプットされて、確かな理解にいたって着地するまでの間には、色とりどりの印象や連想や面影が動きます。編集工学ではこの中間でたゆたうイメージを「プロフィール」と呼び、編集のプロセスにおいて非常に重視するものです。ベース・プロフィール・ターゲットの「BPTモデル」として、常に面影を動かし続けることに集中します（↓p.64）。

この逃げ水のような覚束ないイマジネーションを、どうマネジメントすればいいのか。ひとつの強力なアプローチが、「伏せて、開ける」という方法です。

ここでは、この「伏せて、開ける」技法を使って本を読む、読書法を紹介します。知識を獲得したり正解を求めたりするよりも、好奇心や想像力を起動することを目的とした読書方法として、編集工学では「探究型読書」と呼んで推奨しているものです。「伏せて、開ける」の威力を、本を使って体感してみてください。

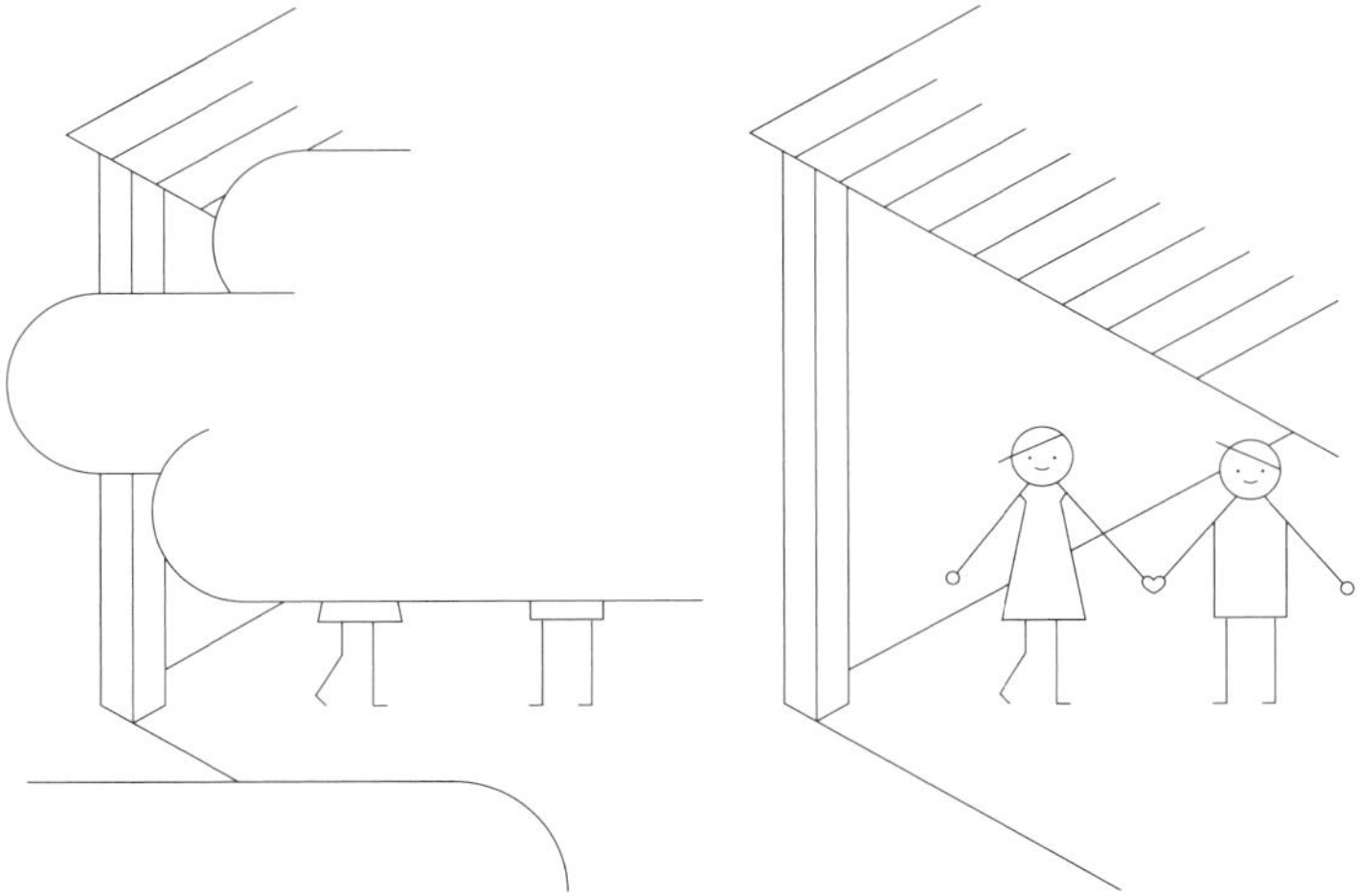

メソッド 09 開け伏せ具合

演習9▽**開け伏せ具合**

「探究型読書」の入り口にチャレンジ

・読んでいない本（できれば新書）を一冊手元に用意します。

表紙読み

1．読む　表紙まわりを眺めてください。表紙、裏表紙、ソデ、オビなど。
2．伏せる　目を閉じて、表紙に書いてあったことを思い出してください。
　タイトル、著者名、オビの文言など、どれくらい思い出せますか？
3．開ける　目を開けて表紙を確認してください。

目次読み

・目次も同様に、1～3の「読む」「伏せる」「開ける」のステップを踏みます。
・1分ほど目次に目を通す［読む］、10秒ほど目を閉じて思い出す［伏せる］（空白だらけのはず）、目を開けて確認する［開ける］。これを、目次を読み切るまで繰り返します。
・どんな本か、現時点での「仮説」を言葉にしましょう。

Date: / /

Worksheet

演習9 ▷ 開け伏せ具合

▷ 本のタイトル：

▷ どんな本ですか？ 現時点での「仮説」

▷「探究型読書」の一端を体験しての気づき

演習9▽**開け伏せ具合** 解説

「探究型読書」のごく一部を体験いただきました。

「表紙読み」では、本の内容をどれくらい想像できましたか？ 「目次読み」では本の構造が頭に入ってきたでしょうか？ 伏せたり開けたりする中で、思い出せない気持ち悪さや、知りたいのに先に進めないイライラやモヤモヤが生じていたことと思います。この「モヤモヤ」こそが、読書を能動的に前に進めるエンジンになります。「モヤモヤ」が発生しているということは、少なからず「知りたい欲求＝好奇心」の芽が出始めているということです。どんな読書も、この好奇心に引っ張られなければ、本当の意味で情報は頭と心に入ってきません。能動的に本を読む上で、好奇心の先導は不可欠です。

一冊の本の表紙と目次だけを、伏せたり開けたりしながらざっと頭に入れて、どんな本なのかな？と仮説をたてる。

この一連の手続きを読書の冒頭に入れることで、一冊分の読書体験の質がぐんとあがります。

「探究型読書」では、このステップを「読前」と言っています。本を読む行程には「読前・読中・読後」があって、それらを全部ひっくるめて「読書」であるとしています。「読前」で想像力と好奇心を立ち上げて、「読中」で一気に内容に入り、「読後」に一冊から感じたことを自分や世界と紐付けて編集するひと手間をとる。ここではこの中の「読前」を体験していただきました。

目の前の一冊に好奇心がむくむくと起き上がる過程で、「伏せて、開ける」プロセスが、大きな役割を果たしていたこと、感じられたでしょうか。

そして最後に、「現時点での仮説」を言葉にしていただきました。まだ読んでいない本の内容をまとめる、という、ちょっと慣れない作業だったのではと思います。

ここまでの「読前」のプロセスを経て、内容が気になって仕方がない、という気持ちになったら、一気に中身を読んでみましょう。きっと、いつもの読書と何かが違っているはずです。（編集工学研究所『探究型読書』クロスメディア・パブリッシング　2020）

09

伏せて、開ける

創造性を引き出す「余白」のマネジメント

「機械人間オルタ」に「生命らしさ」を感じたのは、情報の欠けた部分を見る側の想像力が補完していたからだろう、という話がありました（↓p.159）。

人間は、インプットされた情報によって意味を理解しているだけでなく、情報の不足によって意味をつくり出している。それが想像力の正体であるとも言えます。

このからくりをうまく生かしたのが「心にてふさぐ」創造性を追求した、日本の「余白」に宿る美意識でした。「余白」「引き算」「不足」「不完全」。いずれも、想像力が入り込む余地を残し、イマジネーションの可能性を最大限引き出そうとする編集です。

作家の井上ひさしさんは、足りない部分を補おうとする読者側の潜在的な力を信じ、名文とは読者の長期記憶をゆさぶるもの、と定義したのでした。

一冊の本を伏せたり開けたりする中で生じた「情報の不足」が、自分にとっての意

メソッド 09 開け伏せ具合（余白のマネジメント）

味をつくり出す「記憶の踊り場」を刺激します。それが長期記憶の海へと情報が流れ込んでいく道筋をつくり、これまで蓄積してきたさまざまなものの見方や観念の海面を揺らします。

このようにして読んだ本は、そうそう簡単に内容を忘れません。

読書に限らず、創作活動やコミュニケーション、日々の仕事や学習において、この「開け伏せ具合」をコントロールすることで大切な情報を記憶に残したり、自分にとっての新たな意味をつくり出すことができるのです。

メソッド 10

物語の型を使う ヒーローズ・ジャーニー

人類の歴史は常に「物語」とともにありました。「物語」という情報様式が、人類の言語システムをつくり、幾世代にもわたって人々の記憶をつなぎ、共同体の絆を保持してきました。個人の成長の過程でも、「物語」の力が大きく関与しています。人は「物語」によって世界を把握し、人生を運び、コミュニケーションを図っているのです（↓p.176）。

何気なく通り過ぎていく日々の中にも、本当はいくつもの物語が潜んでいるはずです。それを切り出すことで、自分やその周辺の出来事を客観的に捉え直すことができますし、未来に向けたイメージやビジョンを物語というメディアに乗せて語ることもできます。物語の「型」を活用することで、誰もが物語の語り手になれます。

「物語の5大要素」は覚えていますか？　世界観としての「ワールドモデル」、話の筋書きとなる「ストーリー」、場面を構成する「シーン」、登場人物の「キャラクター」、そして物語を進める「ナレーター」でした（↓p.182）。

ここではあなたが「ナレーター」となり、自分の英雄伝説を語る設定にします。「英雄伝説」の型を使って、自分だけの「ヒーローズ・ジャーニー」を描き出します。

1. セパレーション（分離・旅立ち）
2. イニシエーション（通過儀礼）
3. リターン（帰還）

この3ステップを通るあなたの「ヒーローズ・ジャーニー」を、人生の経験の中から見つけ出してください。

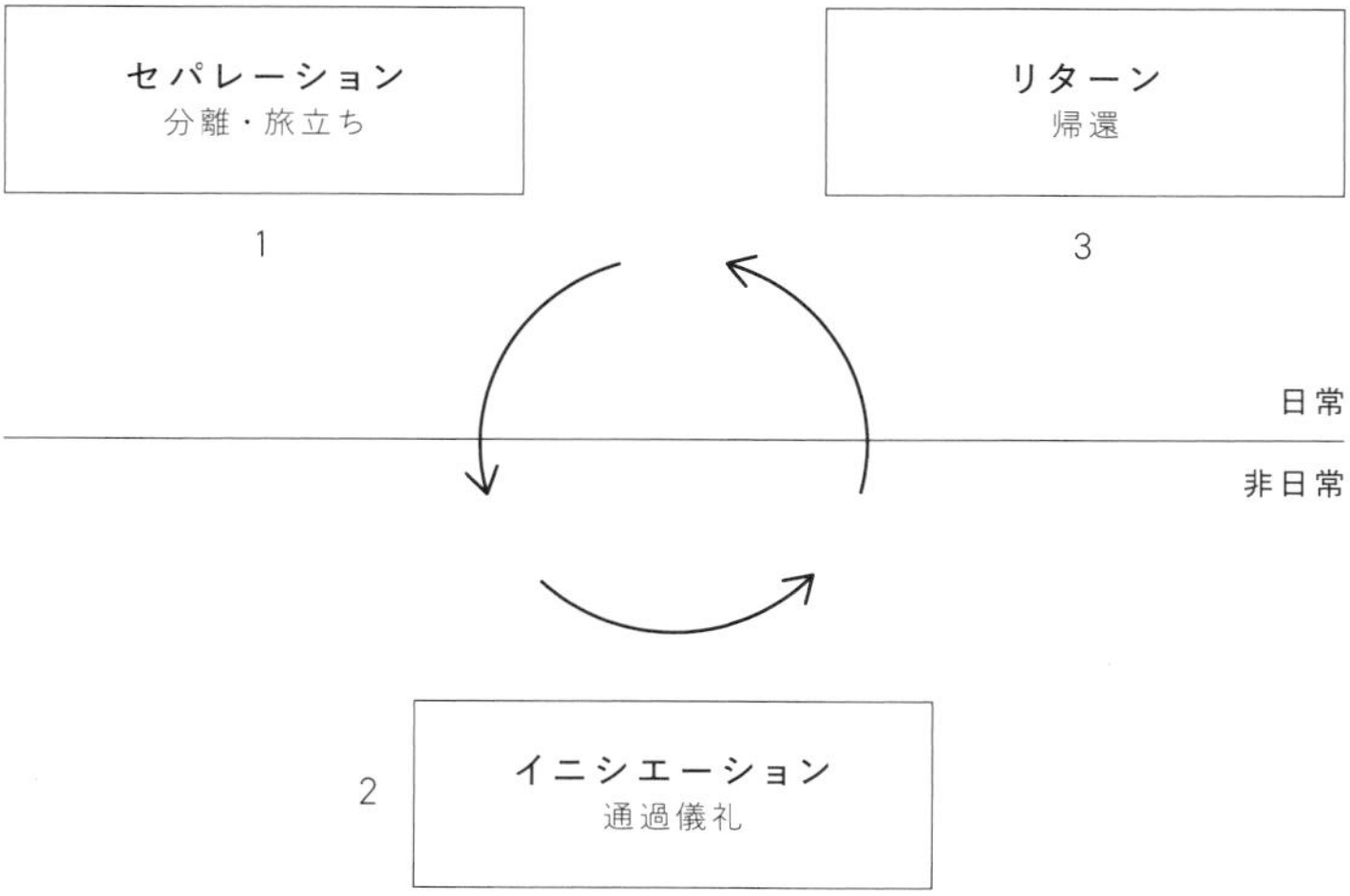

メソッド 10 ヒーローズ・ジャーニー

演習10▽**ヒーローズ・ジャーニー**
自分の「英雄伝説」を描く

「英雄伝説」の型に当てはめて、自分と周囲の物語を綴ってください。自分自身の物語でも、自分が属するコミュニティ（チーム、組織、家庭等）の物語でも結構です。

物語母型「英雄伝説」：1．セパレーション（分離・旅立ち）／2．イニシエーション（通過儀礼）／3．リターン（帰還）

Hint

▽自分や周辺の出来事から、切り出したい物語を探してみてください。物語のスコープは、数十年でもいいですし、数日、数時間でも構いません。まずは「ワールドモデル」を明確にします。時代や場所、どんな社会背景や環境があったか。その上で、英雄伝説の3段階を簡単にまとめていきます。演習1で取り出した「部屋の好きなもの」に、物語の端緒を見つけてもいいでしょう。

Date:　　/　　/

Worksheet

演習10 ▷ ヒーローズ・ジャーニー

▷ ワールドモデル

▷ シーン、ストーリー、キャラクター

1. セパレーション（分離・旅立ち）

2. イニシエーション（通過儀礼）

3. リターン（帰還）

さしてドラマチックだとも思っていなかった自分のまわりの出来事が、英雄伝説の型にはめてみると、何やら語るに足る物語に見えてきたりしませんか。
「物語」という方法は、自分と世界をどう見るかという、時間軸を伴なった情報編集に大変有効なものです。何より、心情や感情など、言葉を超えた情報を人と共有することができるのも、物語の大きな効能です。

まずはどこに物語の緒を見出すか、そこがなかなか難しかったのではないでしょうか。この時に、自分の記憶に向かって、「アテンション」や「フィルター」がせわしなく動いたことと思います（↓p．198　メソッド1）。当たりをつけたところから連想のネットワークを広げ（↓p．206　メソッド2）、英雄伝説の型にどうすればはまるか、試行錯誤をしたのではないでしょうか。この時に、誰の視点で見るのか、情報の「地」をどこに置くのか（↓p．214　メソッド3）、たとえるとしたらどんな出来事なのか（↓p．222　メソッド4）、どんな切り口で語るのか（↓p．230　メソッド5）、さまざまな工夫をしたことでしょう。

英雄伝説の「三間連結」のステップに出来事を当てはめて（↓p．238　メソッド6）、そもそもどんな本質を語りたいのか、その出来事の「アーキタイプ」を浮かび上がらせるような作業でもあります（↓p．246　メソッド7）。複雑な出来事を印象深く伝えるためには「見立ての技法」も必要ですし（↓p．254　メソッド8）、話の運びの「何を伏せて、どこで開けるか」という演出が、物語の魅力を決定的にしたりもします（↓p．262　メソッド9）。


さて、お気づきの通り、「物語という方法」は、編集力を総動員して取り組む情報様式です。ひとつひとつ分解して見てみると、なんともややこしく難しい感じもしますが、そこに「型」があることで、物語は自然に動き始め形をなしていきます。なぜなら、わたしたちの認識にはそもそも「物語回路（narrative circuit）」とも言えるデフォルトネットワークが備わっていて（↓p．180）、人間は物語らずにはいられない生き物だからです。

その証拠に、このささやかな演習を通して、誰かに語ってみたい物語がさっそく生まれてはいませんか？

第2章からのヒント

10

物語を与える

心を動かす「ナラティブ・アプローチ」

今、物語の力が多くの場面で求められています。

企業が社会に訴えるべきことも、市場における優位性から、社会における物語性に変わっているように思います。自分たちは何者で、どういう世界をつくりたくて、そのために何をしようとしているのか。そのワールドモデルの設定と物語の編集が、どの組織や団体、さらには個人にも必要な時代になっている。その意義や意味に共感する人たちが集い、共闘し共創できる場をつくっていくことが、これからの組織のあり方ではないかと思います。

「自分らしさ」や「自分たちらしさ」を「アイデンティティ(自己同一性)」で解こうとすると、どうにも苦しくなることがあります。そもそも人や組織という複雑な存在は、ひとつの見方に集束して語りきれる性質のものではありません。「こうあるべき」という静止した理想像よりも「こうにもああにもなれる」という動的な想像力に物語は

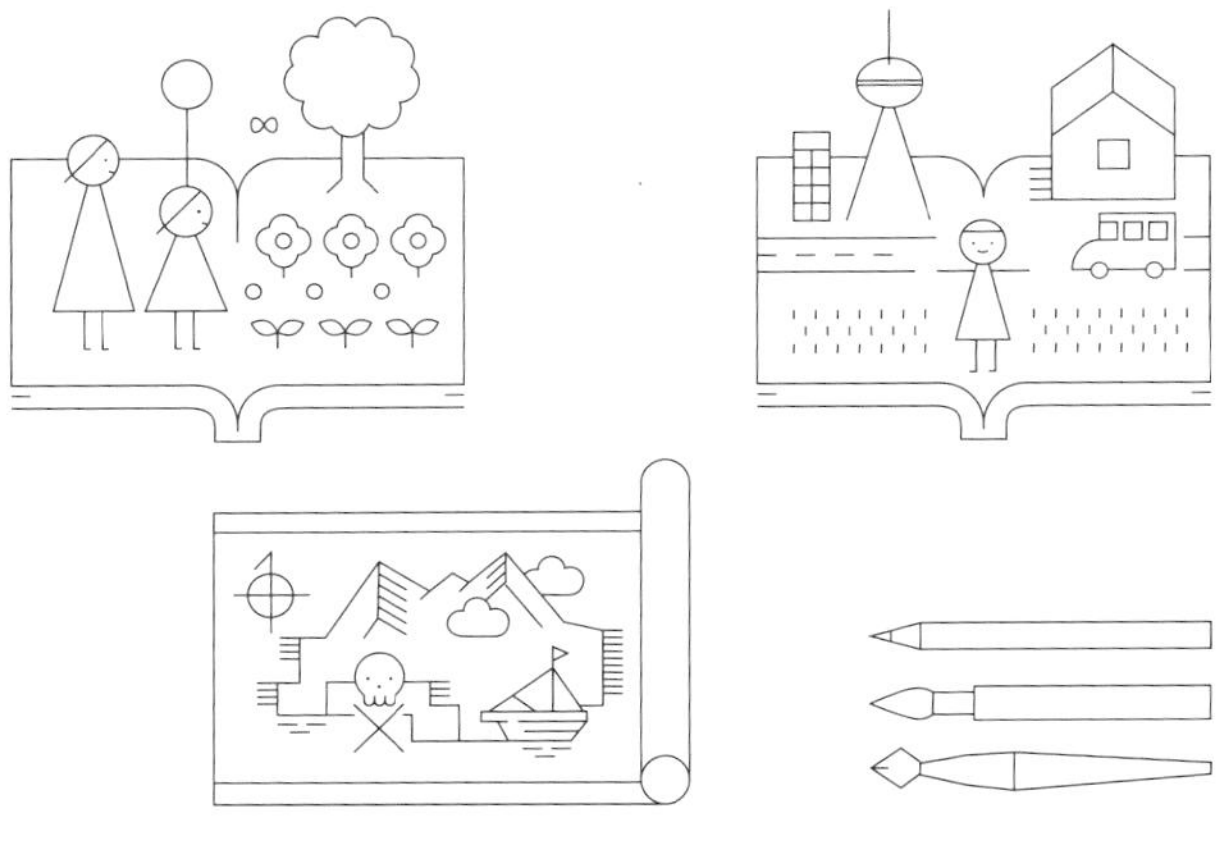

メソッド　10　ヒーローズ・ジャーニー

向かいます。本質的に自分とは何者なのかという主語的な「自己同一性」ではなく、あらゆる関係の中において自分にはどういう可能性が開かれているのかという「述語的物語性」とも呼べるものを、編集工学は重視します――アイデンティティからナラティビティへ、です。

忘れてならないのは、物語はいつからでも書き換えることができるということです。物語の型と編集力を携えて、未来に向けたヒーローズ・ジャーニーを自在に語り直してみてください。

第4章

編集工学研究所の仕事

編集工学研究所の仕事

これまでご案内してきた「編集工学」の技法や考え方を基盤にして、編集工学研究所は日々さまざまな仕事に取り組んでいます。

規定の枠組みを乗り越えて、新たな地平に抜けて出ようとする時に、既存のセオリーがさっぱり役に立たない、ということがどんな組織でも起こりえます。編集工学研究所の仕事は、そうしたターニングポイントの上で始まることがほとんどです。

その場合、既成概念や過去の成功体験をことごとく踏み越えていくわけですから、方位磁石が効かない森の中で目指すべき地点とそこまでの道筋を探すような作業になります。

このような仕事を全うするために、創設以来、命綱のように大切に握りしめてきた言葉があります。

「生命に学ぶ・歴史を展《ひら》く・文化と遊ぶ」

編集工学研究所が松岡正剛から引き継ぐフィロソフィであり、活動のスローガンであり、仕事の作法です。

生命はどのように情報を編集してきたか、歴史はどんな方法で事態を展じてきたか、文化は人々の好みや遊びを通して何を表象してきたか。どんな問題であっても、常にそこに立ち返ることで、本来求めるべき編集の緒を探します。

その命綱を手放したとたんに、いくらメソッドがあろうとも、既存の枠組みや表層の急流の中にあっという間に引き戻されそうにもなります。

この100年ほどで人類がつくりあげた価値観やシステムはたいそう頑強なため、そこを超えていくためには別の流れをつくり出す航路の開拓が必要です。

ここまでご紹介してきた編集工学の技法の束がそのオールとなり、「生命に学ぶ・歴史を展く・文化と遊ぶ」は針路を取る舵となるものです。

編集工学研究所は15名に満たない小さな集団ですが、この世界観と方法論を共有する多くのパートナーと伸縮自在にチームを組みながら、さまざまな仕事に取り組んでいます。松岡正剛と編集工学研究所が蓄積してきた知的資産と人的資産を掛け算することで、クライアントやその業界と共に進む、新たな航路を見出してきました。

この章では、編集工学研究所が手掛ける仕事の一端をご紹介しながら、編集工学がどのように「才」をひらく「能」になりうるかを紐解いてみたいと思います。

事例
01

本来から将来を描く「ルーツ・エディティング」プロジェクト

「らしさ」をたどり「ありたい未来」を描く
「ルーツ・エディティング（roots editing）」

編集工学研究所には、「ルーツ・エディティング（Roots Editing）」と呼ばれる手法があります。自分たちは何者で、どこに向かおうとしているのか。おおもとから自らを捉え直したいというときに、その組織や地域の存在のルーツをたどるところから、一気に未来を描いていこうというものです。

自分の存在意義を再確認するとともに、未来に向かってぶれない軸を持ち、力強いヴィジョンにつなげていくプロセスになります。

なんらかのターニングポイントにさしかかっている企業や、改めて価値を再定義し訴求したい地域文化など、その対象はさまざまです。組織や地域文化のたどってきた道筋を振り返るにとどまらず、時代や社会の変遷、背景にある思想や哲学といった世界観をカバーしたルーツの探究を通して、組織の未来を描き出していきます。

そして、この「ルーツ・エディティング」を通して得られるものは最終成果物だけではありません。こうしたプロセスの中で導かれるさまざまな視点が、その後の企業活動や地域文化の中で活用できる知財として残っていくものでもあります。

事例：「リクルートのユニークネス」プロジェクト

この「ルーツ・エディティング」の手法を、世界展開への準備のひとつとして活用し、ダイナミックに自らの「らしさ」を再編集することでグローバル進出の礎のひとつとしたのが、リクルートでした。

グローバル展開と上場を目前に控え、「リクルートとは何者か」「リクルートらしさとは何か」を言語化し、改めて自らを語る言葉を持ちたい、というご相談をいただいたところから、このプロジェクトは始まります。そこから約1年間にわたって、松岡正剛監修のもとにリクルートと編集工学研究所で編集チームを組み、「リクルートのユニークネス」を可視化していきました。

「リボンモデル」と呼ばれる独自のビジネスモデル、多種多彩な事業領域、特有の企業文化と、何から何まで「リクルート流」を貫くリクルートグループは、その多彩な個性ゆえに、総体としての「らしさ」を抽出して言語化するのはそうそう簡単なことではありませんでした。

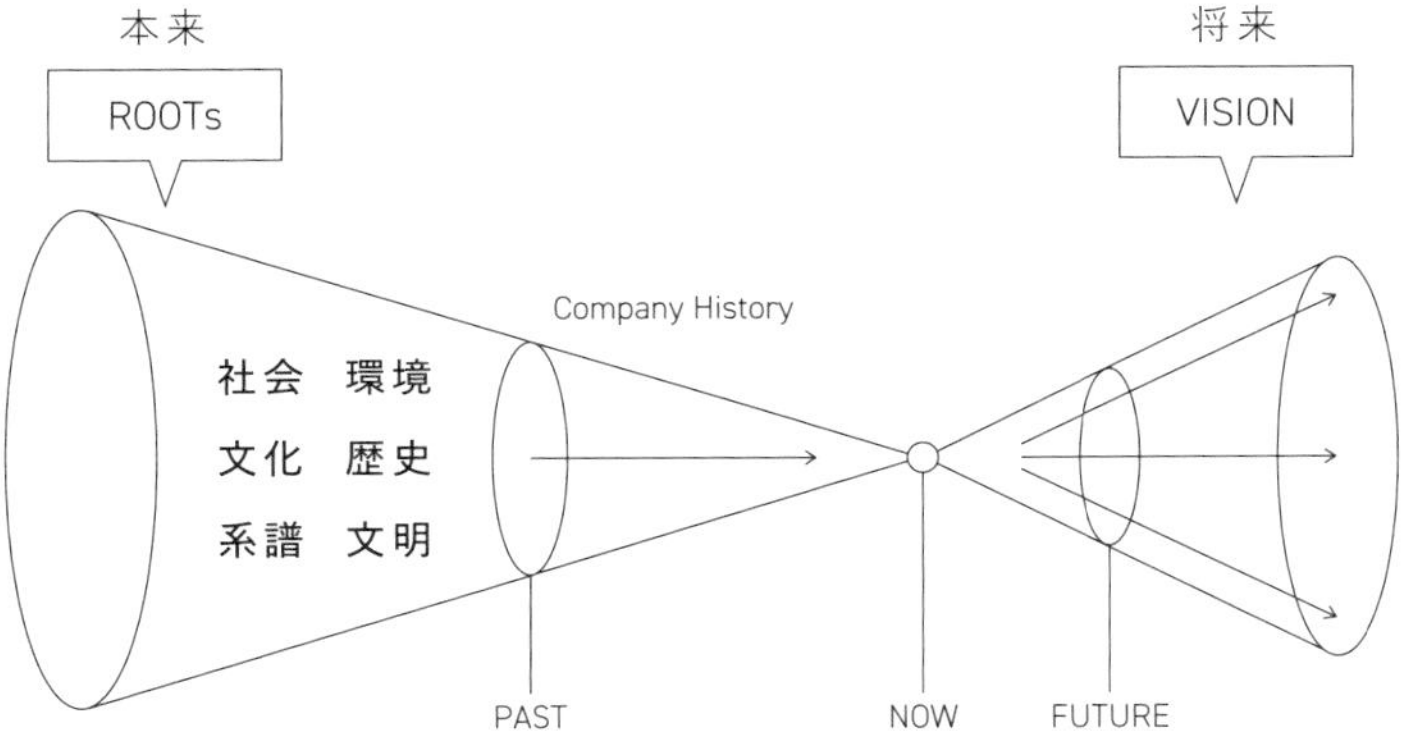

本来から将来を描く「ルーツ・エディティング」

暗黙的に共有されるいわく言い難い「リクルートらしさ」が何よりの組織の魅力でもあるため、光の当て方を一歩間違えれば本来のリクルートの凄味を削いでしまうことになります。

組織に内在する有機的な生命力やダイナミックな複雑性を損なわないようにしながら、全体として包括できるような「リクルートらしさ」を描き出していくことに、細心の注意をはらいました。

リクルートらしさとは何か、何がリクルートをリクルートたらしめているのか、その目に見えないコアコンピタンスを探って、まずは創業以来の社内報をはじめとした、大量の社内情報をアーキタイプに向かって分析するところからプロジェクトをスタートしました。

ルーツ・エディティングの手法とプロセス

ルーツ・エディティングは、大きくは以下のようなプロセスで進んでいきます。

1. 探索・分析　Retrospective Approach

資料の分析や関係者へのインタビューを通して、基礎情報を収集していきます。ここまではオーソドックスな作業ですが、編集工学研究所ではこの段階から、背景にあるアーキタイプ（原型性）を探り、連想を広げ、情報の可能性を拡張する方向に一気に向かいます。第3章の「アーキタイプ連想」（→p.246）にあたるメソッドを早い段階から重ねていき、仮説の種となる注目すべき情報を導き出します。

この段階ではまだ拙速に未来に向かわず、足元にある情報を掘り下げて、見方を広げることに注力します。

2. 仮説・仮組　Abductive Approach

1の情報群から、特徴的な情報や兆しを発見

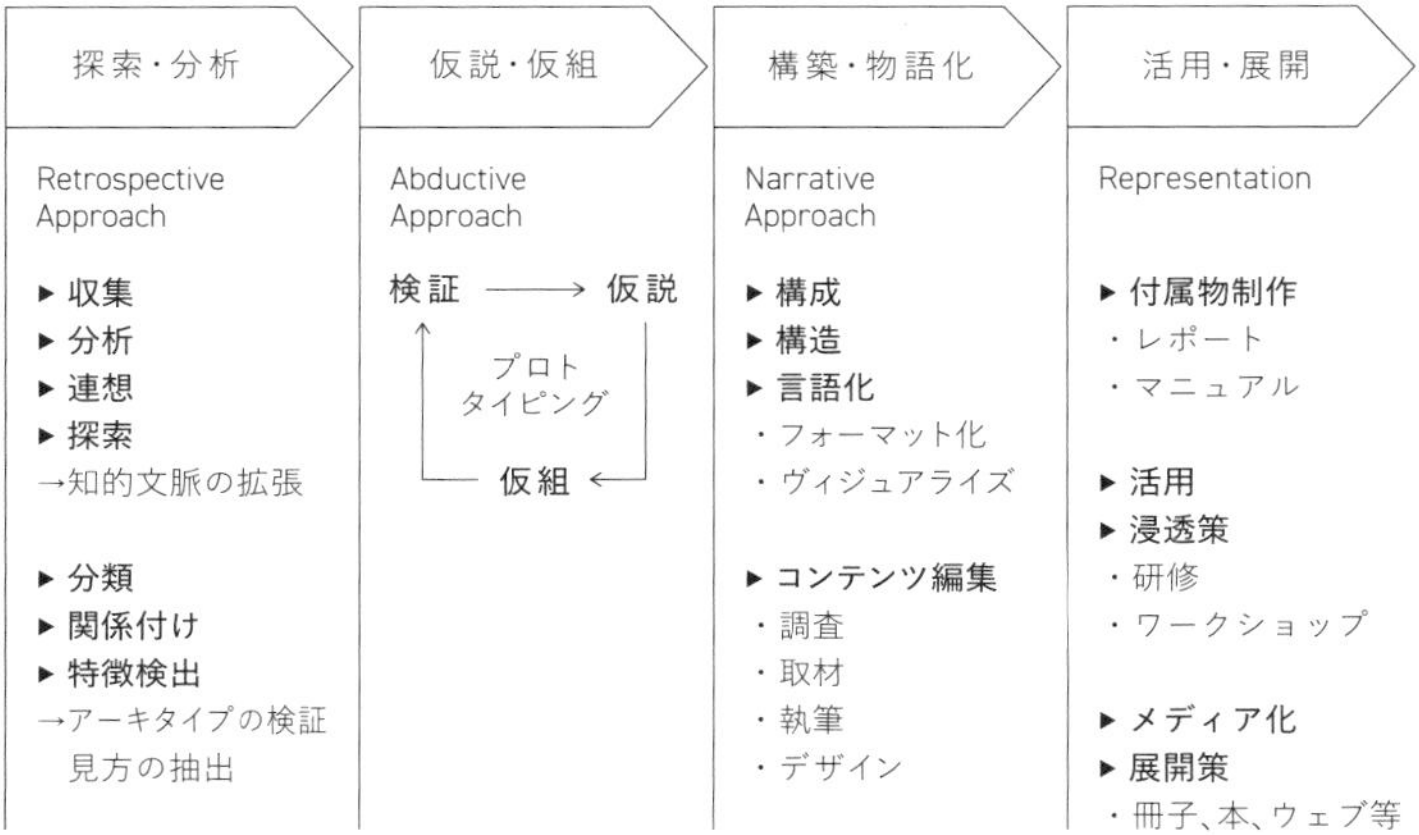

探索・分析	仮説・仮組	構築・物語化	活用・展開
Retrospective Approach	Abductive Approach	Narrative Approach	Representation
▶ 収集 ▶ 分析 ▶ 連想 ▶ 探索 →知的文脈の拡張 ▶ 分類 ▶ 関係付け ▶ 特徴検出 →アーキタイプの検証 　見方の抽出	検証 ⟶ 仮説 ↑ プロト タイピング ↓ └ 仮組 ←	▶ 構成 ▶ 構造 ▶ 言語化 ・フォーマット化 ・ヴィジュアライズ ▶ コンテンツ編集 ・調査 ・取材 ・執筆 ・デザイン	▶ 付属物制作 ・レポート ・マニュアル ▶ 活用 ▶ 浸透策 ・研修 ・ワークショップ ▶ メディア化 ▶ 展開策 ・冊子、本、ウェブ等

「ルーツ・エディティング」の手法とプロセス

し、進むべき道筋の仮説を先行させます。仮説には、コンセプトやストラクチャー（プロジェクトの組み立て）、作業仮説やヴィジョンイメージなどが含まれますが、トライアンドエラーを重ねながら相互の関係性ごと組み立てていきます。「アブダクション」（↓p．89）がフル稼働するところです。

この時に、1で掘り下げたアーキタイプやルーツにあたる情報（歴史や文化背景など）から、未来に向けたビジョンやコンセプトへと一気に跳躍させるように仮説を組み上げていくのが、ルーツ・エディティングの特徴です。

深層と表層を行き来する作業を何度も重ね、情報構造の仮組み・検証、さらなる仮説、というアブダクションのサイクルをまわしながら、あらかたの枠組みが見えるようにプロトタイピングしていきます。

3．構築・物語化　Narrative Approach

2で導かれた情報の枠組みやコンセプトを、組織内外で共有するための言葉やビジュアルに仕立てていきます。この時、1〜2のプロセスで得られたさまざまな情報を踏まえて、その組織特有の「物語回路」（↓p．179）を解析し、ふさわしい物語性を背景に持つようにします。伝えるべきメッセージの軸を通しながら、受け手の中で多様な物語が立ち上がるよう、繊細なナラティブ・アプローチを心がけます。

こうすることで、「らしさ」という可視化しにくい暗黙知を、個々人の印象や情感によって共有できるものにしていきます。

4. 可視化・展開 Representation

以上の編集成果を載せる器として、何かしらの表現の形をとります。冊子、ウェブ、映像といったメディアを制作することもあれば、イベントやワークショップといったコミュニケーションや体験のプロセスにすることもあります。本棚で「らしさ」を表現する企業ライブラリーを仕立てるケースも増えてきました。

そうした表現物をコアに、継続的な学びや啓発の活動を組織内に仕立てていくことも、あわせて推奨しています。

「リクルートのユニークネス」プロジェクトでは、このようなルーツ・エディティングのプロセスを通りながら、その背後にある出来得る限りのアーキタイプを掘り下げ、人類が持つ優れたモデルへのアナロジーを多種多様に働かせていきました。生命メタファー、複雑系からのアナロジー、文明論からのヒント、哲学からの示唆、そういった世界知のモデルを総動員して、「リクルートのユニークネス」を探っていきました。

そうして導かれた指針は、「リクルートの五観」として五つのパースペクティブに集約されました。

リクルートの五観

・社会観　―View of Society―　「機会の軌道」を張り巡らす
・事業観　―View of Business―　リボンが結ぶ「なつく経済」
・技能観　―View of Mind―　複雑なものを複雑なまま扱う
・組織観　―View of Organization―　個人の総和を超えるチーム
・個人観　―View of Mind―　圧倒的な当事者意識

最終的に、「リクルートらしさ」をめぐる観点を『リクルートのユニークネス　企業文化とビジネスモデルから考えるリクルートらしさ』という一冊の冊子にまとめ、そのプロ

セスと成果を踏まえて、松岡正剛が『リクルートという方法』を書き下ろしました。
これらの成果物は、社内のマネジメント層で共有され、その後の戦略構築における共通基盤として活用いただいています。

「我々はどこから来たのか　我々は何者か　我々はどこへ行くのか」。ポール・ゴーギャンの絵画のタイトルにあったこの問いが、企業にも学校にも地域にも個人にも、今ほど切実に突きつけられる時代もないのではと思います。

見通しの悪い道を行かねばならないからこそ、一度立ち止まって自らとの対話を深める契機としての「ルーツ・エディティング」が、さまざまな領域で展開されています。

事例
02

書籍を通じて科学の魅力を届ける「科学道100冊」事業

理化学研究所×編集工学研究所のコラボレーション「科学道100冊」

2017年夏、全国の書店・図書館で「科学道100冊」というフェアが展開されました。自然科学の総合研究所である理化学研究所と編集工学研究所のコラボレーション・プロジェクトで、100冊の書籍を通じて科学者の生き方や考え方、科学の面白さや素晴らしさを多くの人に届けようという事業です。

科学の魅力と書籍の魅力を掛け算したこの試みを、真っ先に喜んでくれたのは現場の書店員さんや図書館司書さんたちでした。出版社単独の100冊規模のフェアはよく見かけますが、出版社の枠を超えてキュレーションされた本のラインナップが全国の書店・図書館で一斉に展開される、というフェアの形は、出版流通業界でも初めての出来事だったようです。

一般の人が手に取りやすい科学系の良書が厳選されていること、魅力的なフェアスペースを演出するための展示素材が揃っていること、さらには１００冊のラインナップをカラーで紹介するブックレットを店頭で無料で配布できること。これまでのフェアの常識をことごとく覆す仕組みがツール一式となって、ダンボールに入って届けられることに、多くの現場から驚きと感激の声をいただきました。書店員さん等からの熱心な支持によって、結果として店舗・図書館を訪れる多くの人々に「科学道１００冊」プロジェクトは届いていきました。

2017年の「科学道100冊」フェア
全国の書店・図書館で展開した。

未来を担う青少年のための「科学道100冊」シリーズ

全国の書店と図書館を舞台に展開していった「科学道100冊」は、学校の先生や司書さんたちの目に留まり、教育関係の方々から反響をいただくようになりました。その中で、「子どもにこそ科学道100冊を」という声が多く寄せられ、第二弾として「科学道100冊ジュニア」を企画・制作、書店や公共図書館のほかに、小中高校の図書館に向けて広く展開していくことになります。

この流れの中で、多くの学校に科学道100冊を届けられたことが、「科学道100冊」プロジェクトの転換点となりました。

青少年に科学と本の魅力を届ける継続的な取り組みに育てていこう、というビジョンのもと、「科学道100冊」は毎年恒例の事業へ発展していきます。

そうして2019年の9月にリリースされた「科学道100冊 2019」では、理化学研究所の全研究者・職員を対象に「大人になる前に出会ってほしい科学道の本」というアンケートを実施、理化学研究所の松本紘理事長と編集工学研究所の松岡正剛所長を含む「科学道100冊選書会議」を開催し、改めて科学の良書を選定しました。

100冊のうちの50冊を「科学道クラシックス」として、時代を超えて読みつぎたい名著を厳選、もう50冊を毎年更新のテーマとして組み立てました。

やがて、「科学道100冊」を、授業の素材として活用する動きも広まっていきます。せっかくの本との出会いをより意味深いものにしてもらうために、編集工学研究所が推奨する「探究型読書」という読書メソッド（→p.264）を採用し、「科学道100冊」を探究学習の一

「科学道100冊」シリーズのブックレット
左から「科学道100冊」「科学道100冊ジュニア」「科学道100冊2019」

環として扱うプログラムを開発しました。数校のパイロット校での実践を経て、中学・高校に広がり始めています。

プロジェクトの舞台裏：理研の100年と科学者の探究思考プロセス

このプロジェクトの背景には、創設100周年を前にした理化学研究所の、科学の魅力や理化学研究所という存在をもっと日本のみなさんに親しみのあるものにしていきたい、という願いがありました。

100年続く理研の実績や精神をどう伝えるのか、どうすれば「科学」の魅力を表現できるのか。まずは、理研が大切にするものを表すフラッグとなる言葉を見つけ出すところからプロジェクトははじまりました。

ここでも編集工学研究所は、ルーツ・エディティングの手法を用いています。「理研」「科学」「科学者」のアーキタイプをたどり、さまざまに連想を広げながら、「科学とは何か、科学者とはどういう人たちか、理研とはいかなる存在か」という議論を、松本紘理事長をはじめとした理研の職員の方々と重ねていきました。
そこで浮かび上がってきたのが「道」という言葉です。「極める」道や「宇宙を貫くタオ」としての道、過去から未来へ続く道もあれば、人の道という道理もあります。この懐の深い「道」という言葉と「科学」を掛け合わせて導かれたコンセプトが、「科学道」でした。

このコンセプトが持つ広がりや奥行きを保ったまま、一般の人々に身近なものとして届けるために、100冊の選りすぐりの書籍ラインナップによって「科学道」というコンセプトを複合的に浮かび上がらせる方法をとることにしました。理研のメッセージを搭載したDNAのようなコード情報として、この100冊のラインナップが全国に複写されていくイメージです。出版社横断・全国展開・ヴィジュアルによる店頭での訴求といった要件は、これを実現するためにどうしても必要なものでした。

「科学道」を体現する100冊を選書するにあたっては、100冊をなんらかの物語として表現する分類軸が必要になります。第3章でも紹介したように（→p.230）、的確に編集された分類軸はそれ自体がメッセージになります。分類軸の編集も、ひとつのナラティブ・アプローチです。

「科学道100冊」では、科学者の思考プロセスを6つのステップにモデル化して、100冊を区切る見出しにしました。「科学者はどんなふうにものを考えているんだろう?」という視点で抽出した、サイエンティフィック・シンキングの略図的原型です。

1. はじまりは疑問
2. 果てしない収集
3. 導かれたルール
4. めくるめく失敗
5. まるで魔法
6. 未来のはじまり

科学者の探究プロセスにある「英雄伝説(セパレーション→イニシエーション→リターン)」のような道筋を描き、人々の物語回路に届ける編集を施しました。

導入のメッセージは、こういうものです。

世界は謎だらけ。
人生は壁だらけ。

未知に挑戦し続ける科学者たちの
アタマとココロを覗いてみたら
生きるヒントに溢れていた。

前に進みたいすべての人に贈る
勇気と方法の科学道100冊。

科学を「主題」ではなく「方法」として見れば、そこに潜む無数のチャレンジやプロセスは、誰にとっても力強いヒントやメッセージになりえます。そこに焦点を当て、見る人の注意のカーソルを自分自身に向けてもらう物語の導入を置くことで、既存のイメージを超えたところで、科学に出会い直してもらおうと考えました。

文化資産としての書籍をもっと動かしたい

「科学道100冊に選ばれました！」が、本をつくる人々の間で嬉しく誇らしい出来事になっている。新刊の売れ筋本以外にも、時を経た良書にスポットライトがあたる仕組みをつくれたことは、この事業のひとつの成果でもあります。

「科学道100冊2019」から特に目立ったのは、「科学道100冊」に選定されることという、出版社や著者や編集者による発信でした。

「科学道100冊」では、絶版になってしまった書籍もわずかながら扱っています。「科学道100冊」として本当におすすめしたい良書が、常に書店に流通しているものとは限らないからです。人類は大切な情報を伝達するために「物語」という情報フォーマットをつくり出しました（↓p．176）。それらを文字に書きとめ、「書物」というメディアに乗せることで、さらに自由に時空を超えてコミュニケーションができるようになったのです。「科学道100冊」プロジェクトでは、このアーキタイプとしての本の自由度を追求したいと考えました。

「科学道100冊」に選定されることで、埋もれてしまった良書が再び脚光を浴び書店店頭に蘇るようなことがあれば、それは書籍文化においても意義のあることだと思います。

書籍は市場における「商品」であると同時に、社会にとっての「文化資産」であると、編集工学研究所は考えています。

この「本」というコモンズをどうダイナミックに動かし、日本の文化の力として活用していくことができるか。特に教育現場において本が持つ学びの可能性は、まだまだ発展の余地があるように思います。

編集工学研究所では、こうした活動を支援する目的で一般社団法人Book Commons Japanという団体を立ち上げました。広く全国の学校に、「科学道100冊」をはじめとした良書のラインナップを届け、探究的な学びに本を活用することを支援していこう、という動きです。

科学の魅力とともに、書籍の可能性を再発見した「科学道100冊」プロジェクトは、同時にまた、ひとりひとりの想像力の可能性を広げていくツールにもなりつつあります。

2020年9月に発表される「科学道100冊 2020」では、教育の現場でより役立てていただけるよう、さまざまな仕掛けを予定しています。

事例
03

編集術を学ぶネットの学校「イシス編集学校」

2000年に誕生した「編集稽古」のオンライン・コミュニティ

編集工学の技法や考え方を広く一般の人々と共有する機関として、編集工学研究所は「イシス編集学校」を運営しています。

「二十一世紀は方法の時代になる」と言い続けてきた松岡正剛は、二十一世紀が開けるとすぐに、『知の編集術』という新書を出版しました。編集力を鍛えるための「編集稽古」のしくみを、松岡正剛の編集の見方とともにまるごと一冊にした本です。

本書の第3章で体験いただいたような「お題」をはさみながら、編集のための技術をさまざまな角度から解説したもので、20年読みつがれるロングセラーです。本書の「本家本元」でもあります。

この『知の編集術』をひとつのモデルとして、同年ネット上に開校したのが「イシス編集学校」です。「松岡正剛の千夜千冊」と時を同じくして誕生したインターネット上の相互編集空間で、本書で紹介したようなさまざまな編集メソッドを、独自の仕掛けの上で学べるラーニング・コミュニティです。

校長は、松岡正剛。入り口の入門コースの「守」、実践的な応用コースの「破」、さらに最深部に「離」というコースが控え、いくつもの「教室」に分かれて丁々発止の編集稽古が繰り広げられます。

わたしが「入門」した当時は、「脳に汗をかく」というキャッチコピーが掲げられていましたが、入ってみるとまさにそのとおり、脳が汗ばむようなアスレチック感覚の思考トレーニングに揉まれて、感じたことのない「こんなふうに頭を使う爽快感」を大いに楽しみました。

なぜみんな「編集稽古」に夢中になるのか？

イシス編集学校の「学衆（生徒）」さんたちは、年齢、職業、居住地域など、そのバックグラウンドが実にバラエティにとんでいます。ビジネスパーソン、学生、お医者さん、経営者、アーティスト、教授、主婦、職人などなど。最年少は小学生から、最年長は８０代まで。ネットの学校なので、住まいは全国各地に広がっており、海外からの参加もしばしばです。

日頃なかなか出会わないような属性の人同士が、ネット上の「教室」に集って編集稽古に励むのですが、これが面白いくらいに、多くの人が早い段階から夢中になります。その秘密はなんとも入り組んでいて一言で説明できる類のものではないので、ここでは代わりに、イシス編集学校のいくつかの仕組みを編集工学の観点から紐解いてみたいと思います。

相互編集状態を生み出す、お題・回答・指南のラリー

まず、イシス編集学校の編集稽古は、「お題」を受け取るところから始まります。その「お題」に回答すると、「師範代」と呼ばれる編集コーチから「指南」が届く。このラリーによって編集稽古が進んでいきます。そのやりとりはすべてテキストベース。動画や画像や音声を介さない「ことば」のみによるコミュニケーションです。

いまどきテキストだけのオンライン学習と聞くと、なんだか退屈な絵が浮かぶかもしれませんが、これが不思議なことに逆の効果を発揮しているのです。

視覚や聴覚を使わずにあえて文字情報だけでやりとりすることで、多くのイマジネーションが必要になります。見えない分、脳が補おうとするのでしょう。「心にてふさぐ」編集効果です。いい塩梅に「伏せ」ることによって想像力を「開け」ていくコミュニケーション・スタイルが、編集稽古のインフラになっています。

このプロセスを師範代が細やかに分節化しながらナビゲートしていくことで、学衆の側のイマジネーションが鮮やかに動き出し、リテラル・コミュニケーションならではの触発

状態になるようです。

その学習体験を支えるのが、師範代の「指南」という技能です。指南とは「南を指す」「明るい方向へ導く」ということであって、答え合わせをしたり、間違いを正したりするものではありません。あくまでその人それぞれの編集の可能性を広げるためのコーチングです。

たとえば、「あなたの部屋にあるものをあげてください」というお題があったとして、その答えに正解はありませんね。代わりに、その人の中でどういうふうに注意のカーソルとフィルターが動いたか、その動きがどんな可能性を秘めているか、師範代はそこを見るのです。本人も自覚していないような繊細な思考の動きを取り出して見せて、その人特有の思考のクセや、編集の余地を示します。

師範代がひとりひとりの思考をリバースエンジニアリングしていくことで、学衆は自分の頭の中の様子が目の前にリプレイされていくような、不思議なヴァーチャルリアリティ感覚を体験します。こうして、新しい自分を発見する面白さに、あっという間に引き込まれていくのです。

「師範代は、どうしてあんなことができるのか？」と不思議がる学衆さんの声もよく聞きます。学衆の思考を徹底的に「方法」として見ることで、そこにどんな見方や可能性が芽生えているかを、学衆本人よりも速く的確に見抜くことができるのですが、この技能にこそ、本書がまるごと一冊入ってしまうような編集工学のエッセンスが詰め込まれています。非常に高度なコーチングスキルです。

イシス編集学校ではこれまで、６００名ほどの師範代が教室を持って活動してきましたが、こうした「師範代」はみな最初は学ぶ側の「学衆」です。ある集中トレーニングを経て、師範代になっていきます。

「教室」という生命場を動かす「師範代」

学衆と師範代は一対一で稽古をするのではありません。一人の師範代と十人程度の学衆からなる「教室」があり、そこで約４か月の編集稽古を共にします。

この「教室」にはそれぞれに、師範代の個性にあやかったちょっと奇妙な名前がついています。「エスペラ七茶教室」「パリティ外道教室」「夕空くじら教室」「ラテ・ルナ・マギカ教室」……。普通の「学校」の感覚で参加するとこの教室名にまず面食らう人が多いのですが、師範代と校長の相互編集で名付けられるこうした教室名が、その後の教室の「モード」をつくっていく大切な「コード」となります。

茶碗やお菓子や旅館の部屋にも名前をつけてきた日本の文化を思えば、教室という場に銘柄があることも、しごく自然のことのように思えます。この年々積み上がっていく覚えきれないほどにたくさんの教室名が文化遺伝子となって、イシス編集学校の厚みを支えています。

ちなみにわたしが師範代をした時は、「丹田シャネル教室」という教室名をいただきました。ご覧のように意味を定義できるような類の名称ではないのですが、師範代と学衆が相互編集を重ねるにつれて、教室そのものが不思議と「丹田シャネルっぽい」と思える場になっていきます。場の動きの中で共通のイメージがロゴスを超えて、名付けられたものの中で「らしさ」と愛着が育っていく。組織やコミュニティへの帰属意識や絆を育む上で、「名付ける」という行為は大切な枠割を果たすのだと思います。

こうした教室名のもとで場がつくられながら、唯一無二の教室空間は生命場のような様相を呈していきます。「主体的な学び」の重要性がよく説かれますが、ここでは主体的である手前の「自発的で自己組織的な学び」が起こるようになっています。

この生き物のような教室を1クール切り盛りしていくことが、師範代にとっての重要な仕事であり、その場の中でだからこそ、学衆はそれぞれの編集力を存分に解放していきます。

「師範代」という仕組みがユニークなのは、専任としてではなく、みな何かしらの仕事や立場を社会的に持ちながら、もうひとつの顔としてこのロール（役割）に従事しているというところです。

「守」と「破」のコースを修了すると、「花伝所」という師範代養成講座を経て師範代になることができるのですが、この循環系こそが、イシス編集学校の新陳代謝を促進し、総体として常に鮮度の高い状態を保つ構造になっています。

その背後では、師範代を支える多層的なバックアップシステムが常に動いています。それぞれの師範代にはベテランの「師範」がついていて、常に師範代の動きを見守っています。そこにまた教室を横断して場を見る「番匠」、講座全体をリードする「学匠」がいます。師範代もまた、幾層もの目に見守られる学び手として、それぞれの教室で編集力を鍛錬していきます。

こうしたコーチ陣のバックグラウンドの多様性と多重多層な運営システムが、イシス編集学校の生命力になっているのです。

イシス編集学校の「守破離」

イシス編集学校のコース・プログラム「守破離」は、編集稽古の「型」を重ねることで進んでいきます。「守」では三十八番のお題を通して編集の基本的な型を習得します。「守」を「卒門」すると「破」に進むことができるのですが、「破」では「守」の型を応用しながら「物語編集術」「プランニング編集術」といった実践的な型を身につけていきます。

「破」を「突破」すると、見晴台に出るように、いくつかの道が開けていきます。

まずはイシス編集学校の奥の院である「離」。「松岡正剛直伝　世界読書奥義伝」という名がつくこの「離」コースは、一年半に一度開講し、限られた席数をめぐって厳しい「入院（離の教室は「院」と呼ばれる）」試験が課されます。合格すると「離学衆」となり、4か月におよぶ想像を絶する編集稽古に入っていくことになるのですが、そのプログラムは門外不出とされていて、入ってみなければ何が起こるかわかりません。

わたしは十年前に「離学衆」となりましたが、現在の自分の半分はこの4か月間でつくられた、といまだに思っています。それほどに何かを揺さぶる力を持つ場であり、それだけにその体験は壮絶にして空前絶後です。興味と覚悟のある方は、松岡正剛が仕立てるこの知の秘境に挑んでみてください。


もう一方は「技法研鑽コース　遊」の道で、物語編集を徹底的に学ぶ「物語講座」と俳句を中心にことばと詩歌を遊ぶ「風韻講座」があります。

そしてまた別の道として、「師範代養成講座　花伝所」があり、約3か月のトレーニングで、師範代になるためのいろはを学びきります。講座を修了し、師範代としての準備が整ったとみなされれば、いよいよ教室を任されて師範代として登板します。

指南や教室運営のさまざまな技法や技能は、この花伝所で徹底的に鍛えられます。ここで得られるスキルは、師範代としての力ばかりでなく、仕事や日常の中におけるコミュニケーションやリーダーシップの柔らかな力を底上げするものでもあり、まさに現代のコーチングスキルとしても企業・団体の人事部門から関心を寄せられるようになっています。

こうして「破」を修了した人々が、多種多様にイシス編集学校に関わり続ける仕組みによって、単なる講座プログラムの集合体ではないラーニング・コミュニティになっています。

イシス編集学校は今年で20周年。この学校に集う人々は、編集工学の学び手であると同時に、編集工学研究所の心強いサポーターでありパートナーでもあります。これまで多くのプロジェクトを、イシス・メンバーとチームを組んで仕上げてきました。さまざまな職能性や才能がそろう多士済々のイシス・コミュニティは、学びの場であるとともに、編集工学を社会に還元していく創造の場でもあります。

ここでご紹介できた事例は編集工学研究所の活動のごく一部ですが、いずれの仕事にも本書でご紹介してきた編集工学の技法や世界観が通底しています。

松岡正剛は、時折スタッフに「よく練られた逸脱をこそ目指せ」と発破をかけます。丹念に積み上げて仕事を洗練させて、そこからなお逸れたところにあるものによって人の心は動く。その精度と逸脱の間を目指してこそ、「編集する仕事」は完成するということなのだと思います。

その高みにはとうてい自分たちの力だけでは到達できませんし、届いたと思ってもすぐに逃げてしまうような目標です。幸いにして編集工学研究所には、松岡正剛の仕事に共鳴するたくさんの才能が、さまざまな形で出入りしてくださっています。そうした名人や達人との出会いによって引き出される編集工学の可能性に、わたしたち自身が目を見張りながら、いまなお「よく練られた逸脱」に向かっている道の途中にあります。

編集工学研究所のオフィスを兼ねた、ブックサロンスペース「本楼《ほんろう》」。

第5章

世界はつながっている

本書でここまで考えてきたことは、別の側面から言えば「世界をどう見るか」という問題でもありました。

「情報の海に句読点を打つ」ところからはじめて、情報と情報のあいだに関係を発見し、フレームやスキーマという思考の枠組みを自覚しましたね。「情報は多面的である」ということをいろいろな角度から見てきました。

類推のアナロジー、仮説形成のアブダクションという編集技法を手にして、アフォーダンスや環世界という視点から自分のまわりの環境を見てみると、世界がいかに豊かな意味に溢れているかということがわかります。

物事の本来を捉え直すために「アーキタイプ」に潜り、「らしさ」という柔らかなセンサーを立ち上げ、「伏せて開ける」日本のクリエイティビティを振り返った後、人類の歴史とともにある「物語」という情報様式を考えました。自分もまた歴史の中の一点であるという感覚とともに、語り得ないものを扱う装置としての「物語」の力を感じたでしょうか。

第3章では、以上のような「世界をやわらかく捉え直すアプローチ」を、紙上エクササイズを通して体感していただきました。きっと、新たに発見した自分の思考のクセもあったでしょうし、すぐに試してみたくなる編集技法にも出会ってもらえたのではと思います。思考は習慣によりつくられますから、ぜひ日常の中でも折に触れて活用してみてください。

そうして通過してきた一連の編集工学的技法の背景には、常に「編集的世界像」ともいうべき世界観や見方がありました。

松岡正剛は『知の編集術』の冒頭で、「編集」についてこう宣言しています。

1. 編集は遊びから生まれる
2. 編集は対話から生まれる
3. 編集は不足から生まれる

ここまで読み進めていただいたみなさんであれば、いずれもしっくりくることと思います。そして、次のように続けます。

1．編集は照合である
2．編集は連想である
3．編集は冒険である

「照合」も「連想」もわかりますね。編集はなにより「関係の発見」がキモでしたし、「連想と要約のかわるがわる」が大切、というお話もしました。

さて、最後の「冒険」です。本書の中でも何度か出てきた言葉です。「編集」における「冒険」って、どういうことでしょうか？　おそらくここに、「世界をどう見るか」が大きくかかわってきます。

自分を取り囲む風景の見え方が変わったり、あたりまえと思っている常識を捉え直したりするのは、ちょっと怖いことです。本書の冒頭で、「自ら殻を破りにいく」と書きましたが、それはそれなりに、勇気のいることですね。慣れ親しんだいまの思考から旅立てば、どんな試練が待っているかわかりません。混乱する瞬間があるかもしれないし、場合によっては大切にしてきた何かが傷つくこともあるかもしれない。そこまでいかずとも、なんとなく面倒くさそうです。

けれどその葛藤を超えて新しい風景が目前にひらかれた時、いままで知らなかった自分に出会えたりもします。そこまで行けば、新旧の枠組みのいずれを選ぶかを、改めて選択することもできるのです。


編集工学は、この「編集の冒険」に携えるべき多種多様な道具や武器を束にしたものとも言えます。逆に言えば、「編集の冒険」から切り離された技法は、単なるＴＩＰＳの寄せ集めにしかなりません。自分自身の「世界の見方」に何らかのゆらぎが起こるところで、「能」としての技法は「才」としての潜在力を引き出すことができるのだと思います。

そして、この「世界の見方」という問題は、客観的な事実や知識ではありません。何かしらの触発をきっかけに自分の内側に立ち上がる、そこにしかない世界像であるはずです。

編集力を本当に発動していこうとすれば、自分を支えている「地」は容赦なく動き、どんどん「図」が変わっていきます。このめくるめく転換に自分自身を放り出すことができれば、固定観念というたがは何度でも緩み、内側にある編集力が次から次へと引き出されていきます。そうするとまた、世界の見え方が変わっていって、次の編集の冒険が見えてくる。こうして新しい自分があらわれてくるスパイラルの中で湧き出る底力こそが、「才能」の正体ではないかと思います。

この最後の章では、「世界をどう見るか」をめぐっての、わたしなりの「編集の冒険譚」を綴ってみようと思います。自分の内面に起こってきた、小さな衝突や格闘や発見のかけら越しに、ここまでとはまた別の角度から編集工学の横顔を映し出してみたいと思います。

このささやかな試みが、みなさんの「世界の見方」に小さな波紋を起こせたなら、どこか懐かしく、かつ真新しい感覚が、何かを思い出すように動き出すかもしれません。その隙間から自分と世界の間にある「自由」が鮮明に見えてきたら、それこそがきっと、みなさんの側に立ち上がる「編集的世界像」の一端です。

ジオラマとピッチング・マシーン

わたしたちは日々、自分を取り囲む無数の関係性の中で、悩んだり喜んだり適当に過ごしたりしながら、目の前を通り過ぎる日常をコントロールして、なんとかうまくやっていこうとしています。

勉強も仕事も人間関係も、自分が関わるものを手懐けていられさえすれば、毎日は問題なく過ぎていくし、ゲーム感覚で眺めれば、その小さな挑戦の連続はやりがいにもなる。うまく行かないことがあるとしたら、もっと頑張ってうまくいくようにすればいい。

そんな日常の視界がふとグワンと歪んだのは、いまから20年ほど前の、ある真夏の昼下がりでした。コンビニのお弁当をぶらさげて京王線の踏切が開くのを待っていた時のことです。急に自分がジオラマの一部になったような、奇妙な感覚がやってきました。小さなプラスチックの箱の中で、何の疑問もなく踏切が開くのを待っている。あんなのんきな顔して、いったいわたしはあそこで何をやっているんだろう？　踏切が開いて渡れたとして、涼しいオフィスにたどり着いたとして、それがいったい何なんだ？　上空から自分を見下ろすような映像とともに、そんな考えてもしょうがない疑問がものすごい存在感を伴って降ってきました。

その奇妙な感覚はやがてすーっと通り過ぎていきましたが、以来、その時のジオラマの光景が、小さなトゲのように胸の奥に刺さったままになりました。

その微かな違和感は、「果たして世界はわたしが思うようなものなのか？」というひとつの疑問に集束していきます。

たとえば窓から見える洗濯物、遠くに聞こえる鳥のさえずり、洗濯物を揺らす風、窓越しの空の青さ、こうしたものをわたしは別々の出来事としては知覚していません。それぞれはいっぺんに絡まり合いながら、わたしの感覚の中に流れ込んでいます。そしてそれを経験している自分もまた、その風景の中の分離できない一部です。わたしのうかがい知らないところで、また鳥がなき、だれかがそれを聞く。その人も鳥もまた、そこで起こる風景の一部となる。そのことが、いたるところで延々と続いている。

こんなふうに絡まり合う複雑極まりない世界の中で、わたしはいったい何を相手にしているると思えばいいのか、日常のあれやこれやをうまくやりおおせたその先に何があるというのか。いったんそうなると、見るもの聞くものがすべて怪しくなります。何に答えを見出したらいいかわからないような漠然とした息苦しさの中で、閃光のようにある一片の文章に出会いました。『遊学Ⅱ』（松岡正剛　中公文庫　２００３年）に収録されたテキストの、とある書き出しの部分です。

――いろいろなものがピッチング・マシーンで投げられたように次々にむこうから飛んで――

くる。われわれはこちらにいて、その飛んでくるものが何であるかを見ている。飛んでくるものがあまりに速くあまりに多ければ、そのいちいちを識別することが不可能となり、ただおおざっぱな差異を見るにとどまり、それらが比較的緩慢に飛んでくる場合は、そのすべてに命名を与える余裕すら生まれる。

われわれが「自然」に対してとっている立場はこのようなものだろうか。ポンポンと飛び出してくるリズムのみを「自然」と見る立場もあれば、そのひとつひとつのもつ様態や飛び方を見て、そこに「自然」を思う立場もある。いくつかのパターーンやグループに分けて、これを「自然」と見る立場があってもおかしくはない。

しかし、この比喩は完全にまちがっている。われわれ自身もその飛んで来ているものの一部であり、われわれは自身飛びつづけている状態のままに首をひねって周辺を眺めようとしている――このようになっているはずなのだ。つまり、われわれはピッチング・マシーンのこちら側でバットを構えているのではなく、一個のボールとしていまなお空中にあるままなのである。飛びつづけながらも、首をめぐらし、すでに自分の前を飛ぶものやこれから後に飛んでくるものを眺めようとしているというべきである。しかもなお始末が悪いことにはピッチング・マシーンの正体が何であるか、さっぱり見当さえついていない。

『遊学II』

何の話なのかはよくわからないままに、あの昼下がりのジオラマの光景が蘇りました。あのときのジオラマの中の自分は、ピッチング・マシーンのこちら側にいる自分？　それを奇妙な気持ちで眺めたのは、踏切や電車とともに飛びつづけて首をめぐらすボールとしての自分だったのかもしれない。……ん？　それって、どういうことだ？　なにやら胸騒ぎだけが先行していました。

タイトルには「延長的抽象化をめぐって――アルフレッド・ノース・ホワイトヘッド」とあります。さっぱり意味がわからない言葉と見たことのない人名。それでも、ピッチング・マシーンの映像が映画の予告編のように頭にこびりつき、やがて四苦八苦しながらこのイギリスの哲学者ホワイトヘッドの世界に入っていくこととなりました。

この複雑にして難解な世界

本書は、「情報はひとりでいられない」というところからはじまりました。あらゆる情報には、必ず「まわり」があって、すべては関係性の中に放たれていて、編集というものはさまざまな関係にかかわるプロセスそのものである。編集工学を通底するこうした世界像を支えるもののひとつに、ホワイトヘッドのコスモロジーがあります。

世界は相互に関係するプロセスや出来事の連なりからなる有機的な網であり、すべては関係性の中にある。アルフレッド・ノース・ホワイトヘッド（1861-1947）は、この未分化で複雑な出来事とそれらが刻々と織りなす自然を、あるがままに描き切ろうとした哲人でした。

ケンブリッジで数学者としてのキャリアをスタートし、1910年から1913年にかけてバートランド・ラッセルと一緒に『プリンキピア・マテマティカ序論』（哲学書房 1988年）（Principia Mathematica『数学の諸原理』 1910-13）を刊行すると、数学の研究を続けながら科学哲学に取り組むようになります。晩年ハーバード大学に哲学科の教授として招聘され、ホワイトヘッドの思想の集大成と言われる『過程と実在』（みすず書房 1981年）（Process and Reality, 1929）を書き上げます。

ピッチング・マシーンの「予告編」のイメージだけを頼りに、わたしはこの『過程と実在』を少しずつ読み進めました。途中何度も投げ出しては、やはり気になって戻ってくるの繰り返しで、とても「読めた」とは言えません。松岡さんの千夜千冊をはじめとして、哲学研究者の山本誠作さん（1929－）や中村昇さん（1958－）のガイドなどに、ずいぶんと助けていただきながらの見よう見まねのホワイトヘッド登山でした。

中村昇さんのホワイトヘッドとの最初の出会いも、なんと松岡さんがきっかけだったそうです。1970年代後半に工作舎で開催されていた「遊学する土曜日」で、ホワイトヘッドについて語る松岡さんの話を聞いた時のこと。その時の衝撃が、『ホワイトヘッドの哲学』（中村昇 講談社選書メチエ 2007年）の冒頭で生き生きと描かれています。

「松岡のいっている内容は、そのときはよくわからなかったが、ホワイトヘッドがとてつもない哲学者だということだけは、こちらにも伝わった。こうして、ホワイトヘッドの存在を、わたしは知ったのだ。」という告白の後に、件の「ピッチング・マシーン」のテキストが引かれていました。そして、「専門家だって手こずる難しい相手」に対し、「この書き出しは、いま読んでもうまい。ホワイトヘッドの哲学の特徴を、短い文章で射抜いている。」と添えられていました。

後に中村さんの『ホワイトヘッドの哲学』が千夜千冊（1267夜）で紹介されて知るこ

となるのですが、このピッチングマシーンの話を、松岡さんはイシス編集学校の「離」の「表沙汰」という集まりで30年ぶりに話したのだと言います。「遊学する土曜日」の時はまだ幼稚園だったから無理にしても、この「表沙汰」という場所には居合わせたかった……。この一節を読んだ時のなんとも苦々しい悔しさと憧れの気持ちが、しばらく迷っていた「離」の受講を決意させたものでした。

こうして、あの日のジオラマの光景と遠くから届く声のようなピッチング・マシーンのくだりが、メビウスの輪のごとく連環し、その後もずっとわたしの「世界の見方」の大きな部分を揺らし続けました。

ホワイトヘッドの哲学は難解だと言われます。特にこの『過程と実在』は、研究者の間でも「まれに見る難解な書物」と言われてきたそうで、読む者をそうそう簡単には理解の地平に着地させません。そのことを中村さんは、こう書きます。

「しかし、よくよく読み進めてみると、ホワイトヘッドの難しさは、この哲学者のせいではないことに気づく。ようするに、ホワイトヘッドが難解なのではなく、〈この世界そのもの〉が難解なのだ。この世界の、この宇宙のけたはずれの複雑さを見るがいい。手がつけられないではないか。この状態をホワイトヘッドは、愚直に真正面から描き切ろうとしている。」

同じく松岡さんは、「難解なのではない。あまりに重要なことばかりを書いているだけなのだ。」と言います。（千夜千冊９９５夜『過程と実在』）。

わたしたちがいるこの世界は、手がつけられないほどに複雑で難解です。そのことをホワイトヘッドは注視し、想像を絶する解像度と緻密さでそのままに表現しようとしたのでした。

Process & Reality ～ 有機体の哲学

ホワイトヘッドが考える宇宙は、すべてが互いに絡まりあい、一瞬たりともとどまることのない関係そのものの流動体です。「有機体の哲学」とか「プロセスの哲学」と言われるこの宇宙観は、科学的唯物論を乗り越えようとする思索の中でひらかれていきました。

「実在（Reality）」とは、生々流転する出来事の「過程（Process）」そのものであると、ホワイトヘッドは言います。人もモノも常に未来の自分へと「なる（becoming）」状態の只中にいて、いまの自分として「ある（being）」状態は、「なる」にいたる一側面にすぎない。この「なる」過程において主語と述語を分断せずにまるごと包み込むことを「抱握 prehension」と呼びました。それは「いま、ここ」で起こっている「感じ（feeling）」そのものであり、無数の出来事との関わりの中で成立する動的な経験のことです。

ホワイトヘッドはこの刻々と生起する唯一無二の出来事を「現実的存在（actual entity）」と名付け、これこそが世界を構成する最も基本的な要素であり、その背後には何もない、と言いました。

「ゆく河の流れは絶えずして、しかも、もとの水にあらず。」という「方丈記」の出だしのように、そこに変わらずあるように見えるものが、ミクロ的には絶えず生成消滅し、毎時、新しいものになっている。

編集工学では、「さしかかる」ことではじめて見えてくるものや、通り過ぎる最中でしか掴めない閃光や、相互関係の中だけにあらわれる「感じ（feeling）」にこそ、編集の熱量を傾けます。編集とは、あらゆる通過の中で偶然を必然化することであり、必然となったものを次の偶然に向けて動かすことでもあります。

手がつけられないほどに複雑に絡まり合う世界の本来にそのまま飛び込もうとしたのが、ホワイトヘッドの「プロセスの思弁哲学」であり松岡正剛の「プロセスの編集工学」なのです。

こうしてホワイトヘッドが照らし出してくれる世界の姿もさることながら、ホワイトヘッドの方法そのものもまた、編集工学から見ればたいへん馴染み深いものです。ホワイトヘッドは、既存の体系や経験論に思考を縛り付けるやり方を徹底的に嫌いました。『過程と実在』の冒頭でホワイトヘッドは、「発見の方法」を飛行機にたとえています。

真の発見の方法は、航空機の飛行によく似ている。それは個々の観察の大地から出発する、そして想像力による普遍化という希薄な大気圏へと飛翔する。さらに理性的解釈によって鋭敏にされ更新された観察のために元のところへ着陸する。

『過程と実在』

思考の中で繰り広げられる、ミクロな英雄伝説モデル（セパレーション→イニシエーション→リターン）のようです。そしてこの飛行する発見の方法について、「それは矛盾をもてあそぶことさえできる。」とも言いました。

この「観察の大地 ↓ 想像力の飛翔 ↓ 理性的解釈」という3つの段階は、あの「アブダクション」も連想させます。発見的な思考というのは、静止した計画の中からは起き上がってこない。観察によって「驚くべきこと」を感知したら、どこかで仮説的にエイヤと飛び立つ必要がある。時によって想定外を目指して跳躍してみようとしなければ、その後手繰り寄せるに値するだけの、真なる発見は訪れない。ホワイトヘッドの「発見の方法」が、チャールズ・パースの「探究の論理学」と重なります。

こうしてホワイトヘッドの思想を垣間見るにつけ、「情報はひとりでいられない」というフレーズの背後にある広大な宇宙の網目を思わずにいられません。「ひとりでいられない」のは「わたし」でも「あなた」でもなく、そのもっと手前の「情報」であるということ。「現実的存在（actual entity）」同士が関係の網目の中で生起しあうこの世界にあって、その大きな風呂敷に包まれていることの、なんとも言えない柔らかく暖かな感じが、わたしが垣間見たホワイトヘッドの宇宙です。

オブジェのチャチャチャ

最初の「予告編」の一撃から、ホワイトヘッドが自分の中にこんなふうに流れ込んできたのには、それなりに思い当たるところがありました。

まだ編集工学を知るずっと前のこと、「オブジェクト指向プログラミング（Object-Oriented Programming：ＯＯＰ）」というものに、ある時期集中的に取り組んだことがありました。

教育系の出版社で書籍編集の仕事をしていたころのことです。eラーニングシステムを開発するプロジェクトにひょんなことからエンジニアとして携わることになり、オブジェクト指向言語のＪａｖａを一気呵成に習得することとなりました。その集中学習段階から実際のプロジェクトに加わってシステム構築に取り組むあいだ、Ｊａｖａとオブジェクト指向漬けの日々を送りました。自販機から信号待ちの車まで、見るものすべてを「オブジェクトの相互作用」で考えてしまう、ちょっと異様な時期でした。

いま思えば、この時に染み込んだ「オブジェクト指向」の感覚が、ホワイトヘッドの突起を受け止める基本的な鋳型になっていたのだろうと思います。

オブジェクト指向とは、システム全体を、現実世界にある物理的なモノに見立てた「オブジェクト」の組み合わせとして捉える考え方です。オブジェクトにはモノとコトが一緒に含まれています。自分自身の中に属性（プロパティ）や手続き（メソッド）を持っていて、外からメッセージを受け取っては自分の内部で実行してアウトプットする、というはたらきをします。このオブジェクトの「ふるまい」をオブジェクト同士の相互作用として記述していくのが、オブジェクト指向プログラミングです。

従来の手続き型プログラミングは、プログラマが主体となってコンピュータに手続きを命令するものでした。対してオブジェクト指向プログラミングは、オブジェクトを主体としてその相互作用を記述していくアプローチをとります。

この「モノ同士の対話」という世界像への切り替えが、当時のエンジニアたちを悩ませていたようでした。みんなが口を揃えて「オブジェクト指向は難しい」というのを聞きながら、そもそも手続き型プログラミングの基礎すら怪しかったわたしは、「何がそんなに難しいんだろう?」とその難解さがピンときていませんでした。手続き型からオブジェクト指向へという、脳内環境の模様替えの必要がなかったのです。

むしろ、「モノ同士の対話」や「オブジェクトのふるまい」といったものの見方から、子どものころによく歌った「おもちゃのチャチャチャ」が思い出され、妙にウキウキしたものでした。

自分が眠っているあいだにおもちゃたちは踊り遊んでいる、子供にとっては夢のパラレルワールドです。ピクサーはこれを「トイ・ストーリー」にしましたが、自分が寝ている間どうせみんなでごそごそやってるんでしょ、と小さいころは本当にそう思っていました。自分が見えていないところでも何やら生き生きとした出来事がいつも起こっている。この「おもちゃのチャチャチャ」感覚のままに、オブジェクト指向の世界に入っていったことを覚えています。


オブジェクト指向プログラミングには、現実世界のモノ同士が潜在的に持っている関係を模した、面白い性質がいくつかあります。よく「オブジェクト指向の三原則」と言われるのが、「継承」「カプセル化」「ポリモーフィズム（多態性）」というものです。言葉だけ見ると難しそうですが、いずれも役割を知れば「なるほど」と思うものばかり、編集工学の観点から見ても示唆に富む情報の捉え方モデルです。

「継承」とは、抽象度の高いものから使いたい特徴を借りてくることで、個別具体で必要なことだけを記述する方法です。継承元を「スーパークラス（親クラス）」と言い、継承した先を「サブクラス（子クラス）」とも言います（ちなみに「クラス」はオブジェクトの設計図にあたるもの）。たとえば「リカちゃん人形」をこの世に出現させようとした場合、「着せ替え人形」という抽象概念を借りてくれば、「洋服や靴」といったアイテムや、「着替えられる」といった機能そのものから作り込む必要はありません。「リカちゃん人形」だけにほしい特徴（名前や顔つきや家族構成など）を記述すればいい。同じ要領で「着せ替え人形」親クラスを継承して、「バービー人形」子クラスをつくることもできます。

特徴を「受け継ぐ」ことをもって大事な要素を保持したまま手続きをショートカットし、かつアウトプットのバリエーションを増やす。こうした継承関係は、のれん分けや家元制度などの文化・技能の継承モデルを思えば、いたって理にかなった方法です。

日本には古来、先達が詠んだ歌（本歌）を引用して自分の歌をつくる「本歌取り」という方法がありますが、これもすでに共有されているイメージを借りてくることで、少ない言葉で多くの余情を表現しようとしたものといえるでしょう。

「カプセル化」は、全部を見せずにコミュニケーションしたい部分だけを開けておく方法です。手続きを分割して小箱に分けて、それを利用するプログラムに対して「公開／非公開」の設定ができる。こうすることで、他の人が混乱せずかつ自分にとっても相手にとっても、安全を担保して使ってもらうことができます。

電気がどんな回線になっていてどう電流が流れるかわからなくても、使う側はスイッチのＯＮ／ＯＦＦで電気をつけたり消したりできます。回線と仕組みがすべてあらわになっていたら、毎回作業を考えないとならないばかりか、感電や故障など思わぬ事故にもつながります。

伏せることによって自分と相手を守り、オブジェクト同士のふるまいを不自由さから解放するわけです。わたしたちの認識も、「暗示」という情報のカプセル化によって、コミュニケーションをスムーズにしたり想像力を触発したりしていますね。「アナロジー」や「見立て」は、他のモデルを借りてきて煩雑な情報をカプセル化し、相手のイマジネーションに手渡す方法です。情報の開け伏せ具合をどうするか、制限をかけることで自分と他者の自由度をあげる「配慮」を設計する方法でもあります。

「ポリモーフィズム」は、ギリシャ語の「多数」という意味の"poly"と「形」という意味の"morphe"に由来していて、日本語では「多様性」や「多態性」などと言われます。

同じ機能でも、呼び出す側のオブジェクトによってそのふるまいを変える。ひっくり返して言えば、オブジェクトがどうふるまうかがオブジェクトの側に任されている、ということにもなります。

「じゃんけん」には「グー、チョキ、パーのいずれかを出す」というルールがありますが、そのどれを出すかはじゃんけんする側に任されますね。情報の多様性を「型」によって担保している構造とも言えます。

そう考えれば、茶道や華道や武道などにある「型」も、抽象化された「型」というクラスを共有することで、所作の根本的な美しさや合理性を損なわないようにしながら、表現されるものの多様性を愛でる仕組みと見ることもできます。

「継承」で「似ている」部分を活用し、「ポリモーフィズム」で「違う」ことを担保する。この「似てる」と「違う」をうまく組み合わせながら、「カプセル化」によって複雑さを複雑なままに適宜抱え込み、この世界をオブジェクト同士の相互関係として表現しようとするのがオブジェクト指向プログラミングです。

オブジェクト指向×花鳥風月の科学

オブジェクト同士が、最も美しい相互関係を持って動き出すには、どうしたらいいか。どんな継承関係をつくり、何を伏せ、どんなふるまいの多様性を仕込んでおくか。その塩梅によって、「実行」という魔法の杖をひとふりしたときの、全体のパフォーマンスが大きく変わる。自分の手元に小宇宙をつくるような面白さを感じながら、オブジェクト指向設計とＪａｖａプログラミングに熱中した日々でした。

そうしていくつかのサービスをＪａｖａで構築してはリリースし、ひさしぶりに一息ついていたころ、図書館をふらふら歩いていた時に、ふと『花鳥風月の科学』（松岡正剛　中公文庫　２００４年）という本が目に留まりました。「花鳥風月を科学するとは、なにごと?・」という単純な好奇心から借りて帰って読み始め、それまで体験したことのないようなゾクゾク感と共に一気に読み通しました。

書いてあることはあちらこちらが難しく、初読でどこまで理解できたのかと言えば、さっぱりだったと思います。ただ、何かをとてつもなく感じていました。その感じのままに、章と章、文章と文章の合間を遊びました。

読み進める間、その遊びのような感興を貫いていたある景色がありました。章立てから内容の組み立て、文章の運びから暗示されるイメージの構造にいたるまで、当時のわたしにはこの上なく美しい「オブジェクト指向モデリング」に見えていたのです。

この本は、全十章で構成されています。「山、道、神、風、鳥、花、仏、時、夢、月」。それぞれの章に、たとえば「第一章　山」であれば「山の国／須弥山という母型／模型の山／山にむかう者／山を眺める方法／山中の王国／浄土としての山」といったトピックがぶらさがります。

章タイトルに掲げられた漢字一文字を「スーパークラス」として（「山」など）、そのイメージを継承した何通りかの「サブクラス」（「山の国」など）が提示される。そこからいくつものインスタンスが動き、相互に関連しながらまた別の姿をつくっていく。テキストのところどころがカプセル化されていて、読者の側のイマジネーションに応じて玉虫色に表情を変える。その表情に応じて、次に参照するテキストもまた、引き出される意味を変える。こうした文章のポリモーフィズムが織りなす色とりどりのイメージが、お互いにつながったり重なったりしながら、章を進めるごとに次のスーパークラスがまた別の世界を展開する……。

誠に勝手な読み手側の解釈ながら、ほとんど丸一日かかって読み終わった後、ひとつのシステムとしてなんだかすごい本に出会ったという興奮に包まれていました。改めて表紙の著者名をしげしげと見ました。

「松岡正剛……？　どんな人なんだろう？」

これが、わたしの編集工学との出会いでした。２００４年の春のことです。

それから、イシス編集学校に入門し、松岡正剛の本をあさる中で『遊学』の例のピッチング・マシーンのテキストに出会い、おずおずと踏み込んだホワイトヘッドの世界は、「オブジェクト指向×花鳥風月の科学」から感じた、あの新しく懐かしい世界の見方とどこかしら重なっていました。

モノ同士の語り合いや思い思いのふるまいが、この世界には充満している。主体が対象を動かしているのではなく、対象同士のふるまいによって世界が構成される。このイメージを軸に重なる、ホワイトヘッド、オブジェクト指向、花鳥風月の科学、編集工学。この多層的な風景は、あえて表明してみるにはあまりにおぼつかなく、それでいて何か確かな伴走者として、わたしの日々の活動を支えてくれるものになっていきました。

「モノたちの宇宙」とホワイトヘッドの目覚め

そして最近出会ったスティーヴン・シャヴィロ（1954−）の『モノたちの宇宙：思弁的実在論とは何か』（河出書房新社 2016年）という本では、長いことうまく説明しきれなかったこうした重なりの風景がぎゅっと一冊になっていました。

トビラをめくるといきなり「序章 ホワイトヘッドと思弁的実在論」とあり、「本書はアルフレッド・ノース・ホワイトヘッドの哲学を新たに見直す試みだ。」と始まります。

松岡さんや中村さんが敷いたホワイトヘッド戦線が、いまこうしてスパークしている。そのことに興奮し、『ホワイトヘッドの哲学』の中村さんの次の一節が思い出されました。

> 前世紀の終わりごろから、わたしは、ことあるごとに『二十一世紀は、ホワイトヘッドの世紀になる』といいつづけてきた。これから出現する新しいパラダイムの土台として、どうしても必要な考え方だと思うからだ。まわりのひとの訝しげな顔もものと

もせず、そう断言してきた。ところが、もう2007年になったにもかかわらず、一向にその気配がない。ホワイトヘッドが近づいてくるかすかな足音さえしない。こまった。二十一世紀中、嘘つき呼ばわりされかねない。かくなるうえは、『ホワイトヘッドの世紀になる』のではなく、『ホワイトヘッドの世紀にする』しかないだろう。

そこから10年。昨今の「思弁的実在論」の潮流ともあいまって、ホワイトヘッドの足音が鳴り響き始めました。このこと、中村さんはどんなふうに感じていらっしゃるだろう。「遊学する土曜日」の松岡さんの様子とあわせて、いつかお聞きしてみたい。そんなことを思いながら、目を通した一冊でした。

シャヴィロのこの本は、ホワイトヘッドの「有機体の哲学」と近年の新たな哲学の潮流をつなぎながら、西洋近代の合理性の核心となってきた「人間中心主義」に疑問を投げかけます。またホワイトヘッドを現代的に読み直すことを通して、わたしたちがいま置かれているさまざまな問題を省みる試みでもあります。

ひとことで言えば、そろそろ「人間の認識」というものを特別扱いするのはやめようよ、「われわれなしの世界」(the world without us) が現に存在するのだから、ということです。

ジェームズ・ギブソンがすべてを人間の認識と脳の深遠な営みの為せる技とする見方に「違う」と言って、「アフォーダンス」を提唱したこととも通じるところがあります（↓p.102）。

こうした問いかけは、ぼくらが今後、生態学的な危機に見舞われそうな時代、人間の運命が他のありとあらゆる種類の存在の運命と深く絡み合っていると思わざるをえない時代には差し迫って必要とされる。科学の実験や発見の光に照らしてみても、人間中心主義はますます支持できないものになっている。

『モノたちの宇宙：思弁的実在論とは何か』

そして、シャヴィロはこう指摘します。

だからぼくらは、その境界をとうてい把握しえない宇宙において、コスミックな尺度で生起している様々な過程と、自分たちの利害や経済を切り離すことはできなくなっている。

現在この地球上でおこるさまざまな問題の緊密な関係性を思えば、もはや人間だけを特別な主体と捉えることには、無理が生じているはずです。このことを、ほぼ一世紀前にホワイトヘッドは見抜いていたと、シャヴィロは言います。

そして、「その〈存在〉はその〈生成〉によって構成されている」というホワイトヘッドの言葉を引き、主体も対象もそれ自体さまざまな生成の過程にあって等しい「共通の世界」の住人なのだ、という宇宙観を提示します。

松岡正剛は「方法こそがコンテンツなのだ」と言い、「二十一世紀は方法の時代になる」と言いました。その方法は、人と同じようにモノにも宿り、ある「感じ（feeling）」を伴って「抱握」しあっている、そのモノたちも含む関係の網目の中の一部としてわたしたちも存在する。人間だけが主体なのではなく、机も風も木々も何かと関わり合いながら関係の網目を漂っている。

同書で紹介される「思弁的実在論」の一群の中に、「オブジェクト指向存在論（Object Oriented Ontology：OOO）」と呼ばれる立場があります。なんとオブジェクト指向は、ホワイトヘッドの目覚めの中で、ついに存在論の哲学になっていました。

『四方対象：オブジェクト指向存在論入門』（人文書院　２０１７年）を書いたグレアム・ハーマン（１９６８－）は、世の中のあらゆるものを「対象（object）」とみなそうというところから議論を始めています。人間、鳥、ダイヤモンド、ロープ、中性子、軍隊、怪獣、四角い円、それらに共通することは、みな「対象（object）に関わっている」という事実だとし、「対象は等しく（何ものかにおける）対象である」を前提とします。

ハーマンは、人間ではない対象同士の因果関係を、人間が認識する対象と区別なく論じます。たとえば目の前に綿と炎があったとして、そこに「人間と綿」「人間と炎」の相互関係があるのと同様に、「綿と炎」の相互関係もある。少々ややこしい感じがしますが、別の角度から見れば、人間の主観が優位な世界では脇役に過ぎなかった「対象」というものを、哲学の主役に持ってきた見方です。人間の主観というものも、その対象の一部にすぎない。

ハーマンはこの本の中で、ホワイトヘッドのことをこんなふうに紹介しています。

昨今の哲学における非凡な例外、近年の反コペルニクス主義者の中で最も偉大な者、それは、間違いなくアルフレッド・ノース・ホワイトヘッドである。この注目すべき

思想家は、人間的存在者と非人間的存在者は皆、他の事物を抱握（prehension）し、それに対し何らかの仕方で関係する限りにおいて、いずれも全て等しい身分をもっていると言うことによってカント的な先入観を破棄したのである。

『四方対象：オブジェクト指向存在論入門』

こうしてホワイトヘッドの宇宙観を下敷きにしながら、「われわれの見ていないところでも世界には無数の〝対象（object）〟が満ちている」とする「オブジェクト指向哲学」を展開していきます。

想像力がつなぐ世界

机の上のマグカップも、カーテンをゆらす風も、あなたが手にしているこの本も、それを読むあなたもまた、等しく世界の割れ目を浮遊する世界の一部なのです。ホワイトヘッドやシャヴィロやハーマンの視点を借りながら、一度そんなふうに世界を見てみてはいかがでしょうか。

わたしたちはあまりに、自分という主体が何かをコントロールできると思い過ぎているのかもしれません。世界と分断された「わたし」を中心におきながら、日々計画をたて、正解を探し、何かしらのミッションを遂行することにたくさんの力を注いでいます。それはそれでかけがえのない日常ですが、時折そうした自分を遠くから眺めやるしなやかな想像力を持っておくことも、この先の世界を生きる人間が携えるべき作法ではないかと思います。

世界がインターネットでつながり、日々膨大なライフログがアーカイブされ、テクノロジーの力でこれまで人類が手にしたことのない類の知性が生まれ始めています。一方で、気の遠くなるような時間を積み重ねてきた地球環境には、いたるところで未知なるひずみが生じ始め、猛烈なスピードで生態環境が変化しています。その上で活動する人間世界では、分断された自己同士がそれぞれの明日の安泰をめぐってせめぎ合い、本来のつながりの構造から引き離されていっているようにも見えます。

この世界はそもそも、人間の主観の中に収まり切るほどには単純ではないはずです。自分の常識や認識からはみ出すものに向ける想像力の枯渇が、少しずつわたしたちの「明日の安泰」の足場を切り崩しています。現在の地球に起こっているさまざまなクライシスを思うにつけ、100年前にホワイトヘッドが示した宇宙観が、いよいよ手触りを持って重要なメッセージを投げかけているように思います。

わたしたちの編集力というものは、必ずしも個人の中に閉じ込められたものではありません。ここまでずっと見てきたように、それは自分と世界の間に創発してくるものです。常に相互作用の中にあるばかりか、自分が窺い知らないいたるところにも編集の足跡があります。考え事をしながら歩く脇では、植物が光合成という編集活動を行い、行き交う人の群れが街の流れを編集している。足元では、アリやミミズやバクテリアが生命活動の編集の只中にあって、自分の体をつくる細胞や臓器は、この瞬間にもあらゆる体内情報を編集しようとしている。そうした世界に充満する編集力とそこから休むことなく生まれ出る意味を、わたしたちはイマジネーションの力でつなぎ、新たな意味へと編集していくことができるのです。

イギリスの小説家J. G. バラード（1930-2009）は、「人類に残された最後の資源は想像力である。」と言いました。

人間はかくも小さく、けれど、想像力は宇宙をも包む。「世界をどう見るか」をめぐる編集の冒険は、この小さくて大きな編集的自己を発見するところから始まるのかもしれません。

編集工学は、この大きな想像力をひとりひとりの中に解放し、それらを互いに結びつける触媒になるものです。人類に残された最後の資源を存分に引き出す「能」として、このつながり合う世界に切っ先鋭く関与していくものであります。

あとがき

この1~2年、編集工学研究所の活動を本にすべきという声があちこちから寄せられるようになりました。松岡正剛が『知の編集工学』を書いたのが、1996年。そこから四半世紀近くがたつ中で、世の中も大きく変わり、編集工学も時代に応じてさまざまに表情を変えてきました。

「生命に学ぶ・歴史を展く・文化と遊ぶ」をモットーとする編集工学の世界観や、「編集」という見方や方法が、この混迷の時代にあってますます必要とされていることは、日々活動しながらも肌で感じることでした。そんな流れの中で、本書の企画は始動しました。

編集工学研究所に入所してから10年、松岡正剛が先達の知と共に見晴らした世界像や、方法としての編集工学のなんたるかは、まだまだ自分にはほんの一部しか見えていないと思い知るような日々を過ごしてきました。そんな中で「編集工学の現在」を一冊の書籍にまとめるなどという試みは、まるで雲を掴むような途方もない作業です。客観的な知識や技法の体系としてまとめようとすれば、とてもわたしひとりぶんの理解や経験や編集力で、太刀打ちできる仕事ではありません。いったい何を書けば、編集工学を書いたことになるのか。そんな自問自答の中で松岡さんからいただいたアドバイスは、「自分の発見を書きなさい」というものでした。「編集」とは「知識」ではなく「体験」である、というたって基本的なことを思い出しました。第2章で指摘した「〝あなた〟が問われることへの抵抗感」に、自分がはまってしまっていたのです。

これまでの自分を振り返り、わたしは編集工学を通して何を発見し、何を確信し、何によって突き動かされてきたのか、そのプロセスと共に、いま自分が立っている位置から編集工学を見渡そう、そう腹をくくったところから、本書の本当の執筆が始まりました。その中心にあったのは、人間の「想像力」をめぐるいくつかの確信です。大きく三つの眺望が常に念頭にありました。

ひとつめは、「想像力は解放されたがっている」ということです。豊かな「イマジネーション」というのは、どこか他所の人に特別に備わっているものではなく、誰もが内側になみなみと備えているものです。「ある」か「ない」かなのではなく、意志を持って解放「する」か、「しない」ままに置いておくかの違いにすぎない。

一方で「イメージ」には、自分が存在するはるか昔からの起源や変遷があります。その世界の側で継がれてきた「イメージの歴史」と自分の内側にある「イメージする力」との出会いによって、わたしたちの想像力は力強く解放されます。「はじめに」で書いた「啐啄同時」が、イメージの現場には常に起こっているのです。

> なんだ、これがぼくたちがさんざん探し回ってた青い鳥なんだ。ぼくたち随分遠くまで行ったけど、青い鳥ここにいたんだな
>
> モーリス・メーテルリンク『青い鳥』堀口大學訳　新潮文庫　1960年

青い鳥はこの後、チルチルとミチルのもとから飛び立ってしまいます。やっと見つけたわたしたちのイマジネーションも、いつまでもひとところにじっとしてはいません。飛び立ちたがっている想像力の羽音の中にこそ、きっと探しものはあるのだろうと思います。

ふたつめは、「想像力は枯渇しない」ということです。イマジネーションは、あらゆることを動かしていくためのおおもとのエネルギーですが、この資源を好きなだけ使ったところで、余計なコストも、地球を傷める副作用の心配もありません。何か不都合があるとしたら、これまで無自覚に受け入れてきた概念や制度やシステムが、解放されたイマジ

ネーションのもとでは急にかぼちゃの馬車に見えてくる、ということくらいでしょう。でもそれで困るなら、馬車を乗り換えるなり、乗り捨てて歩くなり、行き先を変えてみればいいのです。

第5章で、イギリスの小説家J・G・バラードの「人類に残された最後の資源は想像力である」という言葉を紹介しました。これは、ある対話の中でバラードが松岡さんに語った言葉だそうです。1980年、真冬のロンドンでのことです。

> ロンドンでのインタヴューが終わりに近づいたころ、バラードはふいにこんなことを言った。この言葉が忘れられない。『ねえ、松岡さん、地球上に残されている最後の資源は何になるんでしょうね。私は、それは想像力なんだと思います。もう地球には、想像力しか残っていませんよ』
>
> 千夜千冊80夜J・G・バラード『時の声』

人類に残された最後の資源を、わたしたちは何に向かって解放していくのでしょうか。

3つめが、「想像力は希望をつなぐ」という光景です。アブダクションの話の中で、「質のいい仮説は明るい胸騒ぎなどの余波を連れてくる」と書きましたが（↓p.81）、質のいいイマジネーションは、次のイマジネーションの呼び水になります。それが連なっていくところでは、足元に絡みつく制度や制約や限界をゆうゆうと超えていくこともできる。わたしたちの社会はすでにたくさんの決まりごとで道筋が決められているように見えますが、本来人間は制度以前のところでつながり合いながら生きているものです。哲学者のイヴァン・イリイチ（1926-2002）は、こうした状態を「コンヴィヴィアルな社会」と言いました。「コンヴィヴィアリティ（conviviality）」は、「生き生きとした共生」「自立共生」を指すイリイチの言葉で、制度や道具に人間が従事するのではなく、それらを用いて生き生きとした相互関係を結べる社会の状態を指すものです。漠然とした未来への対処としてではなく、屹然とした希望への接続のための想像力が、コンヴィヴィアルな社会をつくるのだと思います。

未来なぞクソ喰らえだ。それは人間を喰い荒らす邪神だよ。制度には未来がある……しかし人々には未来なんかない。あるのは希望だけだ。

イバン・イリイチ『生きる希望　イバン・イリイチの遺言』藤原書店　2006年

本書のタイトルを『才能をひらく編集工学』とした背景には、このような「想像力」を

めぐる自分なりの確信がありました。その人だけに宿る「才」とは、個人の静止した特性のことではなく、いつでも動き出しうる「想像力」そのものなのです。それを引き出す「能」が自分の内側と外側を自在につなげる編集力です。「才能」というのは、「わたしの中にある想像力を自在に引き出す力」とも言えるでしょう。その力がひとりひとりの中で目覚めることは、人類とその資源を豊かにしていくことにほかならない。そのための目に見えない道具や装備やテクノロジーとして、編集工学を携えていただきたい、ということが、本書を通しての提案でした。

執筆を進める間、雑誌「遊」のバックナンバーを幾度も引っ張り出しては眺めました。当時の編集部にあったであろう夢中と熱狂と興奮を追体験しながら、編集工学が生まれ出るまでの日々を思っていました。その頃に松岡さんがつくった「遊星的郷愁」と「宇宙的礼節」という言葉に、思えばずっと恋心を寄せてきました。いまよぎった胸騒ぎは遊星的郷愁であるし、やむにやまれぬ憧れは宇宙的礼節に通じている。自分の心や感性や才能が、自分ひとりぶんだとは思わないほうがいい。いま書いているこの言葉も、自分を生かす命も、さっきひらめいたアイデアさえも、「わたし」に始まったものではないし、いたるところに、宇宙開闢《かいびゃく》以来、時間の旅をしてきたたくさんの意味が織り込まれている。そういうものをスクリーニングする上で、編集工学は高い解像度と操作性を持つインターフェイスになるものです。そこから眺める世界は、いつだってこの上なく美しい。

この本はそうした眺望の中で「遊星的郷愁」と「宇宙的礼節」に向かって書きたかったということ、執筆の奥にあった密やかな願いとして、ここに告白しておきます。

もうひとつ個人的なことで言えば、もしあのとき『花鳥風月の科学』をふと手に取らなかったら、イシス編集学校の門を叩かなかったら、そうして松岡さんと編集工学に出会っていなかったら、きっと未だにあのジオラマの中でぐるぐるしていたのではないか。この本を書きながら、何度かそんなふうに思ってはゾッとしたものでした。伝説の雑誌「遊」以来の「松岡正剛」の偉業の数々と、「我がボスとしての松岡さん」に、言い尽くせぬ感謝をお伝えしたいです。

編集工学研究所の生き生きとした活動の積み重ねがなければ、本書は成立していません。数々の現場で思い思いの想像力を発揮する個性豊かな編集工学研究所の仲間たち、それぞれに仕事を持ちながら編集工学の現在を最先端で支え続けるイシス編集学校の指導陣のみなさんに、改めて敬意を表したいと思います。

編集工学研究所の活動事例としての紹介を快諾くださった理化学研究所とリクルートのみなさまには、お忙しい中ご確認のお手間をいただきました。また紙面の都合上ご紹介することはかないませんでしたが、編集工学研究所を信頼し大切な現場をお預けくださるクライアントやパートナーの各社様に、この場を借りてお礼を申し述べたいと思います。

本書の編集を担当くださった株式会社ディスカヴァー・トゥエンティワンの堀部直人さんには、半年間にわたる七転八倒の執筆を、常に冷静な視点と温かい伴走で支えていただきました。また、寄藤文平さんには、あの憧れのイラストとデザインで本書をピカピカにしていただきました。堀部さん・寄藤さんとご一緒させていただいたことは、編集工学にとっても本書にとっても、たいへん幸運なことでありました。感謝申し上げます。

最後まで読んでいただき、ありがとうございました。この小さな一冊が、みなさんの大きな才能をひらくきっかけになれたら、こんなに嬉しいことはありません。いつかどこかでお会いして、そんなお話を交わせることを願っています。

２０２０年７月　安藤昭子

索引　ワードリスト

3A　115 116 255
Art of Combination　040
AI　002 087 204
BPTモデル　064 095 263
GTD (Getting Things Done)　031
J.G.バラード　348 353
void　120
VUCA　153
あ▶アーキタイプ(原型)　127 128 129 130 132 134 136 141 146 246 247 248 249 250 251 275 286 287 288 289 296 300 316
アーキタイプ連想　246 247 248 249 250 251 253
アーティキュレーション　033 173 204
アイデンティティ　140 276 277
『青《あお》い鳥《とり》』　352
アゴン　074 075 076
遊《あそ》び　074 075 076 143 146 232 234 281 317
『遊《あそ》びと人間《にんげん》』　074 075
『新《あたら》しい自然学《しぜんがく》』　154
あてずっぽう　079 092 093 236
アテンション　198 199 200 201 202 203 204 205 206 210 211 227 274
アナロギア(類推)　142 143
アナロジー　055 056 058 060 061 062 063 064 065 066 067 068 069 070 071 072 073 074 076 078 083 092 115 116 123 136 141 142 146 173 192 221 222 223 224 226 227 228 255 289 316 336
アナロジカル・シンキング　055 059 065 068 070 071 078 088 095 098 141 223 228 229
アパゴーゲー(apagoge)　084
アフォーダンス (affordance)　098 099 100 101 103 107 108 110 115 116 136 141 151 192 244 245 255 316 343
アブダクション (abduction)　079 082 083 084 085 087 088 089 090 091 092 094 095 096 097 115 116 123 136 142 146 151 173 192 236 254 288 316 353
アブダクティブ・アプローチ　079
アリストテレス　084 154 183
アルス・コンビナトリア (Ars Combinatoria)　040
アルフレッド・ノース・ホワイトヘッド　324 325 326 327 328 329 330 331 332 340 341 342

344 345 346 348
アルベルト・アインシュタイン
087 088
アレア 074 075 076
アンラーニング 117 118 122 123 133 173
191 253
アンラーン 117 119 121 128 133 151
い▶『イーリアス』 178
イヴァン・イリイチ 354
池上高志《いけがみたかし》 158 160
石黒浩《いしぐろひろし》 158 160
イシス編集学校《へんしゅうがっこう》 143 145 146 187 245 302
303 304 305 307 308 309
310 312 327 340 356
一種合成《いっしゅごうせい》 240 241 243
井上《いのうえ》ひさし 173 174 268
イノベーション 037 038 040 041 061 167
168 212
イマジネーション 007 071 072 078 114 115
171 172 244 268 305 339
348 352 354
意味《いみ》(「意味」) 100 101 102 103 104 107
114 172 175
意味単位《いみたんい》のネットワーク 059
イメージ 007 063 064 081 123 127
129 130 138 141 146 148
149 169 180 192 193 194
206 207 208 239 243 244
245 246 247 250 251 254
255 256 258 259 260 262
270 299 308 325 335 339
351 352
イメージサークル 206 207
イリンクス 074 075 076
う▶宇宙的礼節《うちゅうてきれいせつ》 355 356
え▶英雄伝説《えいゆうでんせつ》 184 185 186 187 188 190
194 271 272 274 275 298
330
エコロジカル・サイコロジー
104 107
演繹《えんえき》(deduction) 069 083 085 086 088 094
095
エンジニアリング 022 026 040 306
お▶大村彰道《おおむらあきみち》 174
岡倉天心《おかくらてんしん》 163
オギュスタン・ベルク 152 161
お題《だい》・回答《かいとう》・指南《しなん》 305
『オデュッセイア』 178
オブジェクト 332 333 334 335 336 337
338
オブジェクト指向《しこう》 332 333 334 338 340 344
346
オブジェクト指向存在論《しこうそんざいろん》(ObjectOriented Ontology:OOO)
344
オブジェクト指向《しこう》プログラミング(Object-Oriented Programming:OOP) 332 333 334 337
オブジェクト指向《しこう》モデリング
339
面影《おもかげ》 129 133 157 175 262 263
オルタナティブ・ストーリー
191 192
か▶カール・ヤスパース 118
「科学道《かがくどう》100冊」 235 292 293 294 295 298
299 300 301

『花鏡《かきょう》』 164
学習棄却《がくしゅうききゃく》 122
ガストン・バシュラール 192 193
仮説《かせつ》 078 080 081 082 083 084 085 086 087 089 090 091 092 093 094 097 115 119 234 235 236 237 259 264 265 266 267 287 288 331 353
仮説形成《かせつけいせい》 084 254 316
仮説的推論《かせつてきすいろん》 083 084
型《かた》 127 187 238 239 240 241 242 243 244 245 248 251 256 257 270 271 272 274 275 277 310 337
『花鳥風月《かちょうふうげつ》の科学《かがく》』 338 340 356
過程《かてい》(Process) 328
『過程《かてい》と実在《じつざい》』 325 327 328 330
花伝所《かでんしょ》 309 311
カプセル化 334 336 337 339
ガブリエル・タルド 076
カラーバス効果《こうか》 198
カリカチュア(caricature) 142 143
枯山水《かれさんすい》 167 260
かわるがわる 057 058 206 220 318
環境《かんきょう》 025 042 086 095 097 098 100 102 103 192 272 285 316 334 347
関係性《かんけいせい》 037 045 066 148 184 222 227 288 320 324 325 343
関係発見力《かんけいはっけんりょく》 037 041 065 212
感《かん》じ(feeling) 081 329 344
環世界《かんせかい》(Umweltウムヴェルト) 108 109 110 111 112 113 114 115 316
き▶ 記憶領域《きおくりょういき》 172 262
機械人間《きかいにんげん》オルタ 158 160 268
既知《きち》 057 061 063 064 067 083 084 223
帰納《きのう》(induction) 083 085 086 087 088 094 095
寄物陳思《きぶつしんし》 156 157 158 259
キャラクター 181 182 183 184 191 234 271 273
切《き》り口《くち》 041 211 213 227 230 231 232 234 236 237 248 274
く▶ 空《くう》(くう) 120
『空間の日本文化』 152
空《くう》ずる 120 121 122
『空の思想史　原始仏教から日本近代へ』 120
蔵本由紀《くらもとよしき》 147 148 150 153
グレアム・ハーマン 345
け▶ 継承《けいしょう》 168 334 335 337 338 339
ゲシュタルト 105 141
ゲシュタルト心理学《しんりがく》 105
ゲシュタルト崩壊《ほうかい》 105
結合術《けつごうじゅつ》 039 040
現実的存在《げんじつてきそんざい》(actual entity) 329 331
こ▶ 工学《こうがく》 022 023
好奇心《こうきしん》 115 223 226 262 263 266 267 338

コード(code) 002 019 139 140 147 297 308
ごっこ遊び 074 076 142
固定観念《こていかんねん》 026 048 058 097 117 118 122 213 220 319
コミュニケーション 002 018 045 048 130 153 171 175 188 222 223 224 225 226 254 260 261 269 270 289 300 305 311 336
『五輪書《ごりんのしょ》』 165
コンヴィヴィアリティ(conviviality) 354
さ▶ 才《さい》 024 025 026
サイエンティフィック・シンキング 298
才能《さいのう》 003 005 006 023 024 025 122 170 312 313 320 354 355
最良《さいりょう》の希少性《きしょうせい》 131
『作庭記《さくていき》』 024
作用世界《さようせかい》(Wirkwelt) 110
三間連結《さんかんれんけつ》 240 241 243 275
三段論法《さんだんろんぽう》 085
三点思考《さんてんしこう》の型《かた》 238 239 240 241 242 243 245
三位一体《さんみいったい》 240 241 243
し▶ 地《じ》(ground) 214 215 216 217 218 219 220 221 222 239 247 258 274 319
シーン 181 182 183 271 273
ジェームズ・ギブソン 100 343
『自家製《じかせい》 文章読本《ぶんしょうどくほん》』 173 174
思考《しこう》のクセ 198 202 205 306 317
思考《しこう》の枠組《わくぐ》み 048 052 071 316
自己同一性《じこどういつせい》 140 276 277 347
シソーラス 207 212
『字通《じつう》』 024
実在《じつざい》(Reality) 328
師範代《しはんだい》 305 306 307 308 309 311
思弁的実在論《しべんてきじつざいろん》 341 342 343 344
『四方対象《しほうたいしょう》:オブジェクト指向存在論入門』 345 346
『斜線《しゃせん》』 046
写像《しゃぞう》/マッピング(mapping) 064
自由《じゆう》 036 074 122 136 171 195 206 213 219 220 300 320 336
主語《しゅご》 147 148 149 150 151 152 153 154 261 277 329
主語的統一《しゅごてきとういつ》 147 149 152 153 261
「手段《しゅだん》の目的化《もくてきか》」問題《もんだい》 124
述語《じゅつご》 147 148 149 150 151 152 153 154 155 161 261 277 329
述語的統一《じゅつごてきとういつ》 147 149 151 153 161 261
守破離《しゅはり》 310
ジョヴァンニ・ガベッティ 069
情報《じょうほう》の海《うみ》に句読点《くとうてん》を打《う》つ 032 080 204 316
情報《じょうほう》の「地《じ》と図《ず》」 055 214 215 216 217 218 221 222
情報《じょうほう》の多面性《ためんせい》 045 206

情報《じゅうほう》の乗《の》り換《か》え・持《も》ち替《か》え・着替《きがえ》え 054 221
情報《じょうほう》の歴史《れきし》 021
情報《じょうほう》はひとりでいられない 054 206 324 331
情報《じょうほう》ピックアップ理論《りろん》 103
ジョージ・ルーカス 185 191
ジョーゼフ・キャンベル 185 193
新結合《しんけつごう》(new combination) 038 039 040
人工知能《じんこうちのう》 021 035 048 049 053 102
シンボル・グラウンディング問題 035 048
神話《しんわ》 046 119 131 142 184 185 188 193 194 246
『神話《しんわ》の力《ちから》』 193
す ▶ 図《ず》(figure) 214 215 216 217 218 219 220 221 222 319
推論《すいろん》 060 070 078 082 083 084 085 086 087 088 089 090 092 093 142 173 236 237
枢軸時代《すうじくじだい》 118 119 120
スキーマ 049 050 051 052 054 095 118 220 221 253 316
鈴木日出男《すずきひでお》 157
『スター・ウォーズ』 117 185
スティーヴン・シャヴィロ 341
ステレオタイプ(典型) 127 128 129 130 131 132 133 136 141 252 253
ストーリー 182 183 187 271 273
ストーリー・テリング 190
せ ▶ 世阿弥《ぜあみ》 076 164 169
正述心緒《せいじゅつしんしょ》 156
生態心理学《せいたいしんりがく》 104 107
『生物《せいぶつ》から見《み》た世界《せかい》』 109 110 114
生命に学ぶ・歴史を展く・文化と遊ぶ 280 281 350
世界像《せかいぞう》 004 111 118 147 148 151 177 183 192 226 317 319 320 325 333 350
瀬戸賢一《せとけんいち》 066 068
せぬ隙 164 165
千利休《せんのりきゅう》 170
千夜千冊《せんやせんさつ》 062 131 187 303 326 328 353
そ ▶ 相互編集《そうごへんしゅう》 303 305 308
相似律《そうじりつ》 076 077 078
創造的破壊《そうぞうてきはかい》 039
創造的飛躍《そうぞうてきひやく》 092
想像力《そうぞうりょく》 026 053 061 078 087 088 090 114 116 122 135 136 158 159 160 161 163 167 171 172 174 175 192 193 195 223 260 262 263 267 268 276 301 305 330 331 336 346 347 348 349 351 352 353 354 355 356
啐啄同時《そったくどうじ》 005 352
そもそも思考《しこう》 117 248 252 253
『空《そら》と夢《ゆめ》〈新装版〉:運動《うんどう》の想像力《そうぞうりょく》にかんする試論《しろん》』 193
た ▶ ターゲット(target) 064
待庵《たいあん》 170

対角線《たいかくせん》の科学《かがく》 046 213
『太平記《たいへいき》』 178
立川武蔵《たちかわむさし》 120
たとえ話《ばなし》 222 223 224 226 254
短期記憶《たんききおく》 172 173 175
探究過程《たんきゅうかてい》 062
探究学習《たんきゅうがくしゅう》 295
探究型読書《たんきゅうがたどくしょ》 263 264 265 266 267 295
探究《たんきゅう》の論理学《ろんりがく》(the logic of inquiry)
083 088 331
ち▶知覚《ちかく》 101 102 103 104 105 106
107 108 110 151 193 322
知覚世界《ちかくせかい》(Merkwelt) 110
『知《ち》の編集工学《へんしゅうこうがく》』 032 350
『知《ち》の編集術《へんしゅうじゅつ》』 302 303 317
チャールズ・サンダース・パース
083
茶室《ちゃしつ》 163 170
チャンク 035
注意《ちゅうい》 198 199 202 204 286 299
306
注意のカーソル 199 202 204 205 299 306
中期記憶《ちゅうききおく》 173 174
長期記憶《ちょうききおく》 172 173 175 178 268 269
直観《ちょっかん》 070 092 149 150
つ▶鶴見俊輔《つるみしゅんすけ》 121 122 151
て▶ディープラーニング 087
デビッド・アレン 031
寺山修司《てらやましゅうじ》 135
と▶問《と》い 083 105 125 133 134 137
154 194 250 291 343
洞察《どうさつ》 070 092 098 230
トーン 110 111
床《とこ》の間《ま》 165 166 167
土佐光起《とさみつき》 163
飛《と》び移《うつ》り 048 051 052 083 220
ドミナント・ストーリー 191
な▶中村昇《なかむらのぼる》 326
『ナラティヴと共同性《きょうどうせい》』 191
ナラティブ 190 191
ナラティブ・アプローチ 176 190 191 276 289
ナレーター 182 183 184 271
に▶二元論《にげんろん》 102
西田幾多郎《にしだきたろう》 149
似《に》たもの探《さが》し 059 074 076 228 229
二点分岐《にてんぶんき》 240 241 243
日本《にほん》という方法《ほうほう》 161 162
ニュートン 091 092 153 154
人間中心主義《にんげんちゅうしんしゅぎ》 342 343
『人間《にんげん》と機械《きかい》のあいだ 心《こころ》はどこにあるのか』
160
認知科学《にんちかがく》 064
の▶能《のう》 168 169
ノーマン・ファーブ 180
は▶「ハーバード・ビジネス・レビュー」
069 181
パイディア 074 075
パターン 052 053 106 180 184 185
323
発想力《はっそうりょく》 052 071 073 203 215
パトリック・ブラントリンガー
131
パロディア(諧謔) 142 143
『パンとサーカス―社会衰退《しゃかいすいたい》としてのマス・カルチュア論《ろん》』

131
万有引力《ばんゆういんりょく》の法則《ほうそく》 091
ひ▶ヒーローズ・ジャーニー 270 271 272 273 274 277
引き算の美学 167 169 171
『非線形科学《ひせんけいかがく》』 148
非線形科学《ひせんけいかがく》 147 148 150 151 153
飛躍《ひやく》(leap, jump) 088 090 167
比喩《ひゆ》 219 254 260 323
拍子《ひょうし》 163 164 165
閃《ひらめ》き 092 093 115
ふ▶フィルター 198 199 200 201 202 203
204 205 206 210 227 274
306
フォン・ユクスキュル 108 110 111 112 113 114
不完全《ふかんぜん》 163 175 268
複雑系《ふくざつけい》 153 289
複式夢幻能《ふくしきむげんのう》 169
藤原定家《ふじわらさだいえ》 169
伏《ふ》せて開《あ》ける 172 316
不足《ふそく》 174 175 247 249 260 268
317
フラクタル 148
フランソワ・ジャコブ 040
ブリコラージュ 040 046 212 213
ブルーノ・タウト 166
ブレイクスルー 079 095
フレーム 049 050 051 052 053 054
055 056 058 063 071 082
083 095 118 123 192 220
221 245 253 316
フレーム問題《もんだい》 035 048 102
プロセスの哲学 328
プロトタイプ(類型) 127 128 129 132 133 141
プロフィール(profi le) 064 065 262 263
分節化《ぶんせつか》 030 033 034 035 036 037
046 065 181 191 195 204
305
文脈《ぶんみゃく》 033 045 049 087 088 099
113 116 122 123 125 128
130 138 157 206 214 219
244
分類《ぶんるい》 021 053 075 076 156 191
213 230 231 232 233 234
235 237 238 287
分類軸《ぶんるいじく》 230 232 233 234 235 236
237 297
へ▶『平家物語《へいけものがたり》』 178
ベース(base) 064 105
ヘレン・ケラー 121 151 180
変化《へんか》 003 004 005 106 107 114
119
151 193 347
編集稽古《へんしゅうけいこ》 143 146 302 303 304 305
307 310 311
編集工学《へんしゅうこうがく》 002 003 005 006 007 020
021 022 023 026 044 059
064 080 115 125 126 130
140 151 162 173 181 182
199 206 262 263 277 280
281 282 283 302 304 307
312 313 319 320 325 329
330 332 334 340 349 350
351 354 355 356 357
編集工学研究所《へんしゅうこうがくけんきゅうじょ》 003 006 021 022 071 079

081 082 094 097 133 143 190 235 267 279 280 281 282 283 285 287 292 295 296 301 302 312 313 350 356 357
編集思考素《へんしゅうしこうそ》 245
編集的自由《へんしゅうてきじゆう》 002 003
編集的世界像《へんしゅうてきせかいぞう》 317 320
編集力《へんしゅうりょく》 003 005 020 023 025 035 036 037 050 058 098 115 161 162 172 173 181 195 202 204 205 222 275 277 302 309 319 348 350 355
ほ ▶ 抱握《ほうあく》(prehension) 329 344 346
冒険《ぼうけん》 027 036 194 195 316 318 319 320 349
方法《ほうほう》 002 003 004 020 021 022 023 026 040 041 046 060 064 065 086 087 118 126 127 151 153 154 156 157 158 161 162 163 165 168 177 188 190 211 212 213 221 238 246 263 274 275 281 297 299 302 307 330 335 336 344 350
ポール・ゴーギャン 134 291
ポリモーフィズム(多態性) 334 336 337 339
『ホワイトヘッドの哲学《てつがく》』 326 327 341
本歌取《ほんかど》り 335
『本朝画法大伝《ほんちょうがほうたいでん》』 163
本能的能力《ほんのうてきのうりょく》 092 093 150
ま ▶ 間(ま) 163 164 167
マーヴィン・ミンスキー 049
松岡正剛《まつおかせいごう》 002 021 032 054 062 076 078 131 143 145 161 181 187 206 281 285 291 295 302 303 310 311 312 313 317 322 330 338 340 344 350 356
まなびほぐし 120 121 122 123 151
『万葉集入門《まんようしゅうにゅうもん》』 157
み ▶ 見方《みかた》 006 020 026 036 039 046 052 055 062 070 072 073 082 101 102 110 113 115 125 128 147 150 161 180 181 192 195 199 203 207 213 214 215 219 220 222 223 229 230 231 234 242 255 256 269 276 287 302 307 317 319 320 327 334 340 343 345 350
見立《みた》て 076 113 131 146 219 254 255 256 257 258 259 260 261 275 333 336
未知《みち》 057 060 061 063 064 067 068 070 083 084 122 223 299 347
ミミクリー 074 076 142
ミメーシス(模倣) 142 143
ミメロギア 143 144 145 146 147 151
め ▶ メタファー 067 068 146 219 254 260 289
も ▶ モード(mode) 002 053 139 140 141 308

モーリス・メーテルリンク 352

物語編集術《ものがたりへんしゅうじゅつ》 187 310

物語《ものがたり》 142 154 176 177 178 179 180 181 182 183 184 185 187 188 189 190 191 192 193 194 195 246 270 271 272 274 275 276 277 288 297 298 299 300 316

物語回路《ものがたりかいろ》(narrative circuit) 179 180 181 189 190 275 288 298

『物語《ものがたり》の構造分析《こうぞうぶんせき》』 177

物語《ものがたり》の５大要素《だいようそ》 182 183 270

物語母型《ものがたりぼけい》 183 184 185 186 188 189 193 272

『モノたちの宇宙:思弁的実在論とは何か』 341 343

物学《ものまね》 076

や ▶ 山本誠作《やまもとせいさく》 326

ゆ ▶ 「遊《ゆう》」 021 076 077 078 355 356

『遊学《ゆうがく》Ⅱ』 322 323

遊学《ゆうがく》する土曜日《どようび》 326 327 342

有機体《ゆうきたい》の哲学《てつがく》 328 342

幽玄《ゆうげん》 168 169

遊星的郷愁《ゆうせいてききょうしゅう》 078 355 356

湯川秀樹《ゆかわひでき》 062 146

ゆきづまり 079 080 082 236

よ ▶ 要約《ようやく》 055 057 058 096 124 173 206 220 243 318

要約力《ようやくりょく》 056

ヨーゼフ・シュンペーター 038

ヨーダ 117 121 135 191

余情《よせい》 168 169

余白《よはく》 156 161 162 163 165 166 167 169 171 175 268 269

ら ▶ ライモンドゥス・ルルス 039

楽長次郎《らくちょうじろう》 171

らしさ 093 136 137 138 139 140 141 142 143 144 146 147 149 152 154 157 158 159 160 174 175 189 240 256 260 261 268 276 283 284 285 286 289 290 308 316

り ▶ 理化学研究所《りかがくけんきゅうじょ》 235 292 294 295 296 357

リクルート 284 285 286 290 291 357

「リクルートのユニークネス」 284 285 289 290

リハーサル記憶 173

リバースエンジニアリング 306

略図的原型《りゃくずてきげんけい》 127 128 129 130 131 140 141 179 261 298

る ▶ 類似《るいじ》 047 060 061 066 067 076 222 227 229 232 261

類推《るいすい》 060 142 222 223 254 316

ルーツ・エディティング 133 190 283 284 285 286 287 288 289 291 296

ルドゥス 074 075

ルネ・デカルト 101

ルルスの結合術《けつごうじゅつ》 039 040 053

れ ▶ 連想《れんそう》 055 057 058 059 060 072 073 084 135 142 206 208

209 210 211 212 214 220
222 228 240 243 246 247
248 249 250 251 253 256
262 274 287 296 318 331
連想《れんそう》ネットワーク 206 207 208 209 210 212
213 228
連想力《れんそうりょく》 056 060 136
ろ▶ 六脚韻《ろくきゃくいん》 178
ロジェ・カイヨワ 046 074 075
ロジカル・シンキング 055 056 070 071
ロラン・バルト 177
論理学《ろんりがく》 056 083 084 088 237 331
わ▶ ワールドモデル 182 183 270 272 273 276
わけるとわかる、わかるとかわる
030 032 191 204 205
『忘《わす》れられた日本《にほん》』 166
侘《わ》び茶《ちゃ》 169
「我々《われわれ》はどこから来《き》たのか 我々《われわれ》は何者《なにもの》か
我々《われわれ》はどこへ行《い》くのか」
133 134 291

才能をひらく編集工学

世界の見方を変える10の思考法

発行日　2020年 8月30日　第1刷
　　　　2020年 11月16日　第2刷

Author　安藤昭子

Illustrator　寄藤文平
Book Designer　寄藤文平+古屋郁美（文平銀座）

Publication　株式会社ディスカヴァー・トゥエンティワン
〒102-0093　東京都千代田区平河町 2-16-1 平河町森タワー 11F
TEL　03-3237-8321（代表）03-3237-8345（営業）／FAX　03-3237-8323
http://www.d21.co.jp

Publisher　谷口奈緒美
Editor　堀部直人　渡辺基志

Publishing Company　蛯原昇　梅本翔太　千葉正幸　原典宏　古矢薫　佐藤昌幸　青木翔平　大竹朝子
小木曽礼丈　小山怜那　川島理　川本寛子　越野志絵良　佐竹祐哉　佐藤淳基
志摩麻衣　竹内大貴　滝口景太郎　直林実咲　野村美空　橋本莉奈　廣内悠理
三角真穂　宮田有利子　井澤徳子　藤井かおり　藤井多穂子　町田加奈子

Digital Commerce Company　谷口奈緒美　飯田智樹　大山聡子　安永智洋　岡本典子　早水真吾　三輪真也　磯部隆
伊東佑真　王廳　倉田華　榊原僚　佐々木玲奈　佐藤サラ圭　庄司知世　杉田彰子
高橋雛乃　辰巳佳衣　谷中卓　中島俊平　野﨑竜海　野中保奈美　林拓馬　林秀樹
牧野類　三谷祐一　元木優子　安永姫菜　小石亜季　中澤泰宏　石橋佐知子

Business Solution Company　蛯原昇　志摩晃司　藤田浩芳
野村美紀　南健一

Ebook Group　松原史与志　西川なつか　小田孝文　俵敬子

Business Platform Group　大星多聞　小関勝則　小田木もも　斎藤悠人　山中麻吏　福田章平　伊藤香
葛目美枝子　鈴木洋子

Corporate Design Group　岡村浩明　井筒浩　井上竜之介　奥田千晶　田中亜紀　福永友紀　山田諭志　池田望
石光まゆ子　齋藤朋子　丸山香織　宮崎陽子　青木涼馬　大塚南奈　越智佳奈子
副島杏南　津野主揮　中西花　羽地夕夏　平池輝　星明里　松ノ下直輝　八木眸

Proofreader　文字工房燦光
DTP　株式会社 RUHIA
Printing　株式会社厚徳社

ISBN978-4-7993-2667-1